créer
en s'amusant

photographies de
vanessa davies

catherine woram

créer en s'amusant

loisirs créatifs ludiques pour enfants de 3 à 10 ans

les éditions de saxe

Créer en s'amusant
© 2007 Les Éditions de Saxe

Publié pour la première fois
en 2006 au Royaume-Uni
sous le titre Crafting with kids
par Ryland Peters & Small
20-21 Jockey's Fields
Londres WC1R 4BW
www. rylandpeters.com

Traduction : McM Langues.
ISBN-13: 978-2-7565-0039-3

Printed and bound in China

sommaire

Soyons créatifs et manuels...

Je dois avouer que j'ai toujours été passionnée par les loisirs créatifs. Ma mère se souvient encore de m'avoir trouvée en train d'utiliser sa machine à coudre pour poser une fermeture éclair sur une jupe que je venais juste de faire, alors que je n'avais que sept ans. Elle ne savait pas si elle devait se fâcher pour la permission que je ne lui avais pas demandée ou si elle devait se réjouir des talents de couturière de sa fille aînée. Elle a conservé la plupart des objets que nous avons réalisés enfants et c'est ce qui fait tout le charme des loisirs créatifs pour enfants. Il n'y a rien de mieux qu'un cadeau ou une carte réalisés par un enfant, car c'est unique.

Les projets de ce livre couvrent un large éventail des différentes techniques utilisées pour les loisirs créatifs, depuis le papier mâché jusqu'au batik ou «tye and dye». Chaque projet est illustré, étape par étape, par des photographies, et je suggère d'autres objets que les enfants pourront réaliser en utilisant les mêmes techniques de base. Si vos enfants, comme la plupart, aiment les loisirs créatifs, vous pourrez conserver tous les matériaux utilisables dans une boîte ou même leur réserver un placard de la cuisine. Conservez précieusement les bouts de ficelle et de ruban ainsi que les chutes de tissu ou de papier cadeau. De nombreux projets nécessitent l'utilisation d'objets de notre quotidien tels que de vieux journaux ou des pots de confiture. C'est aussi une excellente façon de les recycler. Apprenez à vos enfants à prendre soin de leur matériel et à bien le nettoyer lorsqu'ils ont fini de l'utiliser.

Un des aspects les plus gratifiants de la réalisation de ce livre a été de constater à quel point les enfants aimaient les loisirs créatifs. Mes filles, Jessica (huit ans) et Anna (six ans), m'ont aidée dans de nombreux projets. Elles ont été pour moi une source constante d'inspiration. Je suis sûre que vous éprouverez autant de plaisir que vos enfants en suivant les projets de ce livre, et que les objets que vous réaliserez ensemble feront la joie de toute la famille et des amis qui les recevront en cadeaux.

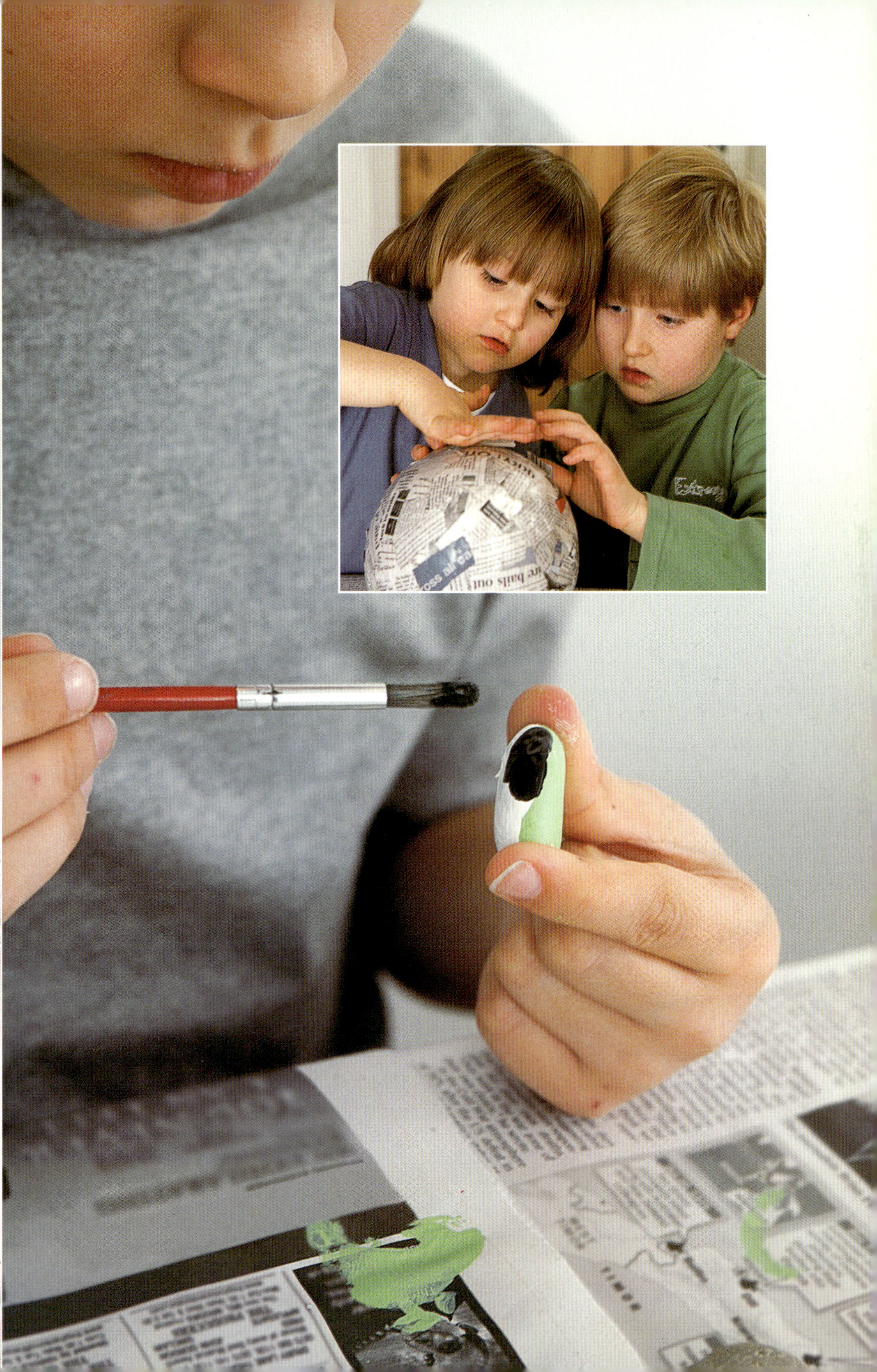

peinture

A la maison, chaque fois que les enfants peignent, ils finissent inévitablement par se peindre eux-mêmes ! Alors, si pour un projet ils doivent se peindre une partie du corps, nul doute qu'ils vont l'adorer. La peinture pour céramique, qui se fixe par cuisson dans n'importe quel four, est idéale pour ce projet.

peindre avec les mains et les doigts

VOUS AUREZ BESOIN DE :
assiette ou autre objet à décorer • peinture spécial céramique (cuisson au four ménager) • pinceaux de différentes tailles • récipients pour la peinture

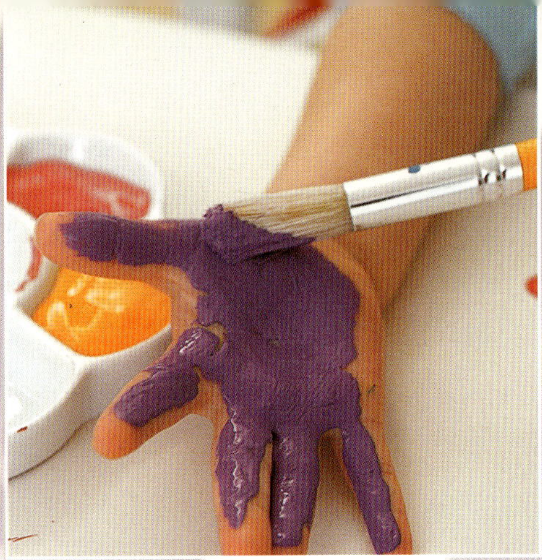

peindre les mains Mettez de petites quantités des couleurs que vous voulez utiliser dans des récipients séparés. Avec un gros pinceau, appliquez la peinture sur la paume de la main. Faites attention à ce que la peinture ne soit pas trop épaisse et gardez un chiffon humide à portée de la main en cas d'accident.

faire des essais d'empreintes Avant de commencer à décorer l'assiette, ou tout autre objet, aidez d'abord votre enfant à faire des essais jusqu'à ce qu'il ait la bonne technique. Appliquez la main le plus à plat possible, avec les doigts légèrement écartés. Lorsque vous aurez maîtrisé la technique sur le papier, vous pourrez alors passer aux choses sérieuses.

faire une empreinte sur l'assiette Après les premiers essais sur papier, il faut se nettoyer les mains puis remettre de la peinture fraîche sur la paume. Vous pouvez utiliser une seule couleur ou plusieurs. Appuyez la main bien à plat sur l'assiette, avec les doigts écartés, comme sur le papier. Retirez délicatement la main de l'assiette et laissez sécher.

les finitions Appliquez une couche de peinture sur le bout des doigts et faites des marques tout autour de l'assiette pour créer une bordure. S'il le souhaite, l'enfant peut aussi écrire son nom. Pour fixer la peinture, un adulte pourra cuire l'objet dans le four, en suivant les instructions du fabricant.

tableau encadré

Vous pouvez peindre avec les doigts toutes sortes de formes et de modèles comme des animaux, des fleurs et des motifs abstraits. Nous avons réalisé ce joli bouquet avec une gamme de roses vifs, d'oranges et de rouges, en peignant avec le bout des doigts. Le vase a été dessiné au pinceau. Le cadre est décoré avec des empreintes de doigts.

assiettes peintes

Une empreinte de main décore le centre de l'assiette et le contour est peint avec les doigts en alternant les couleurs rouge et mauve. Pour célébrer la naissance d'un bébé, les parents peuvent essayer de décorer une assiette avec une empreinte de pied du nouveau né, pour garder un souvenir de ses tout petits pieds.

plateau peint

Un simple plateau en bois décoré par votre enfant est un formidable cadeau pour une grand-mère, une marraine, son maître ou sa maîtresse d'école. Les mots sont peints avec les doigts et deux belles empreintes de main ornent les coins du plateau. Pour la finition d'un objet en bois comme ce plateau, passez deux couches de vernis acrylique pour fixer et protéger les motifs.

petites astuces

Apprenez à votre enfant à faire un essai sur une simple feuille de papier avant de se lancer pour de bon, cela le rassurera et évitera les déceptions.

VOUS AUREZ BESOIN DE :
pomme de terre de taille moyenne • emporte-pièce de cuisine en forme d'étoile • planche à découper • couteau bien aiguisé (à utiliser uniquement par un adulte) • papier absorbant ou chiffon sec • peinture • récipients pour la peinture • papier uni

découper les formes

Coupez la pomme de terre en deux en veillant à ce que les surfaces coupées des deux moitiés soient les plus plates possible. Placez l'emporte-pièce sur la planche à découper en positionnant le bord tranchant vers le haut. Pressez la moitié de pomme de terre sur l'emporte-pièce, puis découpez l'excédent de pomme de terre avec un couteau bien aiguisé.

appliquer la peinture Si la pomme de terre est humide, séchez-la. Versez la peinture dans les récipients et trempez la pomme de terre dans la peinture en vous assurant que l'étoile est entièrement recouverte.

faire les empreintes Commencez à tamponner des étoiles sur le papier avec la pomme de terre. Montrez à l'enfant comment faire un léger balancement avec la pomme de terre, d'un côté à l'autre, sans la lever du papier. De cette manière, la peinture sera appliquée uniformément même si la pomme de terre n'est pas parfaitement plate.

ajouter d'autres couleurs. Si vous voulez ajouter d'autres couleurs, enlevez la peinture de la pomme de terre et laissez-la sécher. Vous pouvez aussi utiliser l'autre moitié de pomme de terre pour découper une nouvelle forme. Continuez à tamponner des étoiles et laissez sécher.

Le tampon en pomme de terre est une technique traditionnelle très appréciée par les enfants de tous âges, et en plus, elle ne coûte rien ! Vous pouvez fabriquer des tampons avec d'autres légumes ou fruits comme des pommes ou des poires. Vous pouvez découper la pomme de terre à l'aide d'un emporte-pièce, ou encore découper à main levée différentes formes, en utilisant un couteau bien aiguisé. Dans le second cas, c'est un adulte qui doit utiliser le couteau.

tampons en pomme de terre

Emballez-le

Nous avons utilisé une forme d'étoile simple pour appliquer de la peinture rouge sur du papier blanc, afin de créer ce papier cadeau pour Noël. Une feuille de papier blanc de format A3 est parfaite pour ce projet.

torchons de cuisine

Vous pouvez également utiliser les tampons en légume ou en fruit sur du tissu. Nous avons utilisé des tampons en pomme et de la peinture rouge et verte sur du calicot naturel, pour décorer ces torchons, qui feront un cadeau à la fois pratique et très joli.

imprimer des images

Coupez de grosses pommes en deux pour réaliser ces images amusantes dans des tons rouges et verts. Nous avons délicatement peint la queue avec un pinceau fin. Pour finir, nous avons placé les images dans des cadres peints dans des couleurs contrastantes, avant de les accrocher au mur.

petites astuces

Si vous utilisez des tampons en pomme de terre sur du tissu, veillez à utiliser de la peinture pour tissu, afin que votre objet soit lavable. Pour fixer la peinture, reportez-vous aux instructions du fabricant. Il est parfois nécessaire de la fixer avec un fer à repasser chaud.

Les très jeunes enfants adoreront cette activité ! Vous devrez peut-être réaliser la peinture en plusieurs étapes, d'abord le visage du lion puis sa crinière, sinon, la peinture pourrait sécher trop vite.

peindre une image miroir

VOUS AUREZ BESOIN DE :
papier uni • crayon • peinture • pinceaux de différentes tailles • récipients pour la peinture • petit pompon pour le nez du lion

plier le papier en deux

Pliez le papier en deux et pressez fermement le pli pour qu'il soit bien marqué. Dépliez le papier et dessinez un demi-cercle au crayon sur une moitié de la feuille. Pour tracer le demi-cercle, vous pouvez vous aider d'une assiette.

commencer à peindre Peignez l'intérieur du demi-cercle. Vous devez peindre assez rapidement, car si la peinture commence à sécher, elle ne se transférera pas correctement de l'autre côté lorsque vous aurez plié la feuille.

replier le papier Repliez le papier en deux, en suivant le pli que vous avez déjà fait, et appuyez fermement sur la feuille pliée. Dépliez le papier pour révéler l'image miroir du visage du lion. L'étape suivante consiste à réaliser la crinière de la même façon. Commencez par en dessiner la moitié, peignez les triangles, puis pliez à nouveau le papier en deux et dépliez-le pour révéler la crinière.

les finitions Peignez un œil et la moitié de la bouche avec de la peinture marron. Pliez le papier en deux et pressez-le bien à plat. Dépliez-le. Nous avons ajouté un petit pompon pour former le nez du lion.

VOUS AUREZ BESOIN DE :
peinture de différentes couleurs • pinceaux de différentes tailles • récipients pour la peinture • une grosse pierre pour le corps • deux petites pierres ovales pour les yeux • deux pierres plates et ovales pour les pattes • colle forte

peindre les pierres

Peignez la grosse pierre pour le corps tout en vert et laissez-la sécher. Pour un meilleur résultat, appliquez une seconde couche puis laissez sécher. Nous avons d'abord peint le dessus de la pierre, puis le dessous une fois le haut sec. Peignez également les plus petites pierres en vert et laissez-les sécher.

ajouter les détails Peignez les ronds en vert plus foncé. Si vous voulez tracer des cercles parfaits, commencez par les dessiner au crayon, puis peignez-les en utilisant un pinceau fin. Peignez la bouche de la grenouille avec un pinceau fin et de la peinture blanche.

peindre les yeux et les pieds Peignez un ovale blanc sur les deux petites pierres pour les yeux et laissez sécher. A l'aide d'un pinceau plus petit, peignez la prunelle des yeux en noir. Appliquez une touche de peinture vert foncé sur les pierres plates et ovales pour les pattes.

les finitions Utilisez de la colle forte pour coller les yeux et les pattes en place. Laissez le tout sécher complètement.

Vous pouvez utiliser les pierres peintes pour réaliser des presse-papiers ou des serre-livres par exemple. La forme de la pierre peut vous inspirer. Demandez à votre enfant à quoi elle ressemble et en quoi il voudrait la transformer.

pierres peintes

les pierres de l'amitié

Ces pierres de l'amitié sont décorées de motifs de fleurs simples qui laissent apparaître la couleur naturelle de la pierre. Votre enfant n'aura plus qu'à écrire sous la pierre un message ou le prénom d'un ami.

serre-livres grenouille

Nous avons réalisé ce drôle de serre-livres avec une grosse pierre et quatre autres plus petites (voir le pas à pas pages 20-21). Réalisez-en deux et posez-les de part et d'autre d'une rangée de livres.

presse-papiers coccinelle

Pour créer ces beaux petits presse-papiers, recouvrez de peinture rouge vif des pierres de différentes tailles. Avec un pinceau plus petit, peignez les détails noirs, puis ajoutez deux petits points blancs pour les yeux.

petites astuces

Souvenez-vous que dans certains pays il est interdit de ramasser les pierres sur les plages. • Vous trouverez dans certaines jardineries des sacs de pierres de toutes tailles. • Lorsque vos objets sont terminés, vous pouvez fixer la peinture en passant une à deux couches de vernis acrylique. Laissez sécher complètement la première couche avant de passer la seconde.

A l'aide de pochoirs, vous pouvez décorer de nombreux matériaux (papier, carton, bois ou tissu). Qu'ils soient en carton ou en plastique, les pochoirs sont très simples d'utilisation. Privilégiez des pochoirs simples pour les plus jeunes enfants, afin qu'ils n'aient aucune peine à répéter des motifs, parfois difficiles à positionner correctement.

pochoirs

VOUS AUREZ BESOIN DE :
tablier ou autre objet à décorer • pochoir • ruban de masquage • récipients pour la peinture • peinture pour tissu • pinceau pour pochoir • chiffon ou papier absorbant

positionner le pochoir

Placez le pochoir sur le tablier, à l'endroit où vous voulez peindre le motif. Maintenez-le en place avec des morceaux de ruban de masquage. Il est important que le pochoir ne bouge pas pendant l'application de la peinture.

appliquer la peinture Trempez le pinceau dans la peinture, puis retirez l'excédent de peinture en essuyant le pinceau sur un chiffon ou du papier absorbant. S'il y a trop de peinture sur le pinceau, elle passera sous les bords du pochoir et le contour du motif ne sera pas net.

retirer le pochoir Lorsque la peinture est sèche (ou presque sèche), enlevez le ruban adhésif et retirez le pochoir. Généralement, les motifs répétés ont des repères aux coins pour vous permettre de les espacer correctement. Reportez ces repères sur l'objet avant de retirer le pochoir.

répéter le motif Placez le pochoir correctement et répétez le motif sans oublier d'éliminer l'excès de peinture sur un chiffon ou du papier absorbant. Lorsque vous avez terminé et que le tablier est sec, fixez la peinture avec un fer à repasser chaud, en suivant les instructions du fabricant.

tabliers et serviettes à thé

Ces tabliers sont en calicot naturel écru bordé par des biais rouges et roses. Nous nous sommes servis d'un pochoir tout simple en forme de cœur pour décorer le tablier bordé de rouge, et d'un pochoir amusant en forme de biscuit pour celui qui est bordé de rose. Ce dernier est un motif en deux parties, peint en beige et rose (voir pages 24-25 pour la technique complète).

boîte décorée

Les garçons aimeront garder leurs trésors à l'abri dans cette boîte en bois peinte à la main. Nous avons appliqué deux couches de peinture bleu pâle sur la totalité de la boîte, en laissant bien sécher la peinture entre les couches. A l'aide d'un pochoir, nous avons ensuite peint, sur le devant de la boîte et sur le couvercle, de petits soldats bleu foncé qui ressortent bien sur le bleu clair du fond. Pour finir, deux couches de vernis acrylique permettent de fixer la peinture et de protéger les motifs.

petites astuces

Les jeunes enfants ne sont pas connus pour leur patience et ils trouvent parfois difficile d'attendre que la peinture sèche. Pour accélérer le séchage, vous pouvez utiliser un sèche-cheveux, mais pour éviter tout accident, veillez à ne pas le laisser à la portée des enfants.

tissus et autres textiles

Le tissage amuse beaucoup les enfants. Hormis pour les tout-petits, la technique est facile et permet de réaliser des projets en deux ou trois dimensions comme les coussins et sacs en rubans tissés ou encore les pots à crayons et boîtes en fils chenille multicolores.

tissage

VOUS AUREZ BESOIN DE :
quatre bobines de ruban de différentes couleurs d'environ 2 cm de large • épingles • un carré de tissu d'environ 45 cm de côté • fil et aiguille • ciseaux

couper les rubans Coupez les rubans en longueurs de 45 cm et empilez-les par couleurs. Nous avons utilisé des rubans en satin de couleurs vives, mais vous pouvez préférer les tons pastel, ou même les couper avec des ciseaux cranteurs.

épingler les bords Disposez soigneusement les rubans sur le carré de tissu, en alternant deux couleurs différentes, et épinglez les rubans sur le tissu à une extrémité pour bien les maintenir en place.

commencer à tisser Prenez une des longueurs de ruban restantes, et épinglez-la à une extrémité sur un côté adjacent du carré de tissu. Passez le ruban par-dessus la première longueur, puis par-dessous la suivante, et ainsi de suite jusqu'à ce que vous ayez atteint l'autre côté du carré de tissu. Epinglez le ruban à l'autre extrémité. Répétez cette opération avec un ruban d'une autre couleur jusqu'à ce que le tissage soit terminé. Epinglez toutes les longueurs de ruban pour les empêcher de glisser.

coudre sur la base Utilisez du fil et une aiguille pour coudre les rubans sur les quatre côtés du carré de tissu.

pot à crayons

Utilisez la même technique de tissage avec du fil chenille de couleur et pliez la bande obtenue autour d'un pot pour créer un pot à crayons original. Rabattez les fils chenille en haut du pot, vers l'intérieur, et repliez-les bien à plat sous le pot. Sur la hauteur du pot, pour raccorder les deux extrémités de la bande tissée, entortillez les fils chenille entre eux et égalisez le raccord avec des ciseaux.

sac

Ce sac en rubans de satin et de velours a été tissé avec la technique décrite pages 30-31. La doublure est en coton uni, et la bretelle se compose de deux longueurs de ruban de couleurs différentes cousue l'une sur l'autre. Pour finir, nous avons ajouté un joli petit papillon en fil chenille entortillé.

coussin

Pour transformer le carré de rubans tissés des pages 30 et 31 en housse de coussin, coupez un autre carré de tissu de 45 cm et assemblez les deux pièces sur trois côtés, endroit contre endroit. Retournez la housse sur l'endroit, insérez un coussin et cousez le quatrième côté. Pour finir, nous avons ajouté une jolie fleur en feutre.

petites astuces

Avec les plus jeunes enfants, essayez de tisser des bandes de papier de couleur qu'il suffira de coller aux extrémités. • Vous pouvez aussi remplacer les rubans par des bandes de tissu. Dans ce cas, utilisez des ciseaux cranteurs pour éviter que les bords du tissu ne s'effilochent.

Tous les enfants adoreront fabriquer ces marionnettes en feutrine. Pour les plus jeunes, il est préférable de coller les pièces plutôt que de les coudre. Feuilletez des livres d'images pour trouver de nouvelles idées et demandez à votre enfant quel autre animal il voudrait faire.

marionnettes à doigts

VOUS AUREZ BESOIN DE :
papier pour les gabarits • crayon • ciseaux • épingles • carrés de feutrine de différentes couleurs • ciseaux cranteurs • aiguille et fil • colle • peinture relief pour tissu

épingler et découper

A l'aide des gabarits page 119, tracez les formes sur le papier et découpez-les. Epinglez ces gabarits sur la feutrine, puis découpez la feutrine. Coupez deux pièces pour le corps. Nous avons découpé les formes des corps avec des ciseaux cranteurs, mais vous pouvez utiliser des ciseaux ordinaires car la feutrine ne s'effiloche pas.

coudre les deux pièces du corps

Superposez les deux pièces du corps et cousez les bords avec un fil assorti. Laissez le bas ouvert. Les plus jeunes enfants colleront les bords au lieu de les coudre. Pour la marionnette «mouton», pliez la base des deux oreilles comme indiqué sur le gabarit et insérez-les entre les deux pièces du corps avant de les assembler.

coller les têtes

Pour la marionnette «lion», posez des points de colle au dos de la crinière et placez-la avec soin sur le devant de la marionnette. Appuyez fermement et laissez sécher complètement. Coller la tête du mouton et laissez sécher.

les finitions

Avec la peinture relief pour tissu, dessinez le nez et les yeux des marionnettes. Laissez sécher complètement.

VOUS AUREZ BESOIN DE :
carton • papier • crayon • ciseaux • pelotes de laine

enrouler la laine Tracez un cercle (gabarit page 118) sur du papier et découpez-le. Placez-le sur du carton et reportez les contours. Répétez l'opération puis découpez les deux cercles en carton. Superposez-les et commencez à enrouler la laine autour des deux cercles en passant par le trou central. Faites un nœud pour raccorder deux brins de laine (à la fin de la première pelote). Enroulez la laine autour des cercles jusqu'à ce qu'ils soient complètement recouverts.

couper la laine Tenez fermement les cercles de carton et coupez la laine sur le bord extérieur des cercles. Veillez à bien maintenir les cercles l'un contre l'autre.

fixer Coupez deux longueurs de laine d'environ 20 cm, mettez-les à double et passez-les entre les deux cercles en carton. Serrez fermement et faites un double ou triple nœud.

les finitions Retirez délicatement les deux cercles. Si vous avez des difficultés à les enlever, coupez-les. Le cas échéant, égalisez aux ciseaux les brins de laine qui dépassent et mettez le pompon en forme.

pompons

Les pompons traditionnels sont très faciles à réaliser et ils peuvent vous permettre d'utiliser vos chutes de laine. Vous pouvez en préparer plusieurs de tailles différentes et vous en servir pour créer de petits chats, des poussins et autres animaux. Vous pouvez également en faire des bijoux ou des décorations pour sacs et coussins.

adorables chatons

Nous avons créé ces petits chats avec deux pompons de tailles différentes, réalisés avec la même laine de couleur gris foncé. Utilisez les extrémités des nœuds de chaque pompon pour les attacher ensemble avant de recouper les bouts. Nous avons ajouté deux petites oreilles en feutrine, des moustaches en laine noire et une queue en laine grise.

coussins

L'enveloppe et les fleurs de ces coussins sont en lainage et feutre. Nous avons ajouté des pompons de couleurs contrastantes au centre des fleurs pour créer un motif en relief.

sac fleur

Un pompon forme le cœur de la grosse fleur qui orne ce charmant petit sac en feutre. Pour réaliser le sac, superposez deux rectangles de feutre ou de tissu endroit contre endroit et cousez sur trois côtés, en laissant le haut ouvert. Brodez les anses au point de feston. Cousez cinq pétales de tissu sur le devant du sac, puis ajoutez un pompon au centre de la fleur.

petites astuces

En utilisant des laines de différentes couleurs, vous obtiendrez un pompon multicolore du plus bel effet. • Rappelez-vous que plus vous entourez de laine autour des cercles de carton, plus votre pompon aura de volume.

D'une réalisation très simple, ces cœurs parfumés feront des cadeaux très appréciés. Si vous remplacez le feutre par du tissu, coupez les cœurs avec des ciseaux cranteurs pour éviter qu'il ne s'effiloche. Remplissez-les de lavande séchée et décorez-les avec des rubans ou des boutons.

sachets «cœur» parfumés

VOUS AUREZ BESOIN DE :
papier uni • ciseaux • épingles • carrés de feutre de couleur ou chutes de tissu • ciseaux cranteurs • aiguille • coton à broder • lavande séchée • boutons • 20 cm de ruban fin

épingler Tracez un cœur sur du papier uni en utilisant le gabarit de la page 118 et découpez-le. Superposez deux carrés de feutre ou de tissu et épinglez le cœur en papier.

découper A l'aide de ciseaux cranteurs, découpez la forme de cœur. Inutile d'ourler le tissu. Si vous souhaitez faire deux pochettes, vous pouvez superposer quatre carrés de feutre ou de tissu et les couper en une seule fois.

coudre Coupez une petite longueur de coton à broder et enfilez-la sur l'aiguille. Il vaut mieux éviter de travailler avec un fil trop long qui risquerait de s'emmêler. En commençant à la pointe du cœur, cousez les deux pièces au point avant, en laissant une ouverture d'environ 4 cm.

remplir Remplissez le cœur de lavande avant de fermer l'ouverture. Pliez le ruban fin en deux et cousez les extrémités au dos du cœur pour faire une suspension. Collez un bouton de chaque côté du cœur.

VOUS AUREZ BESOIN DE :
feuille de carton de 50 x 50 cm • tissu de coton bleu de 60 x 60 cm • tissu de coton vert de 60 x 30 cm • feutre et chutes de tissu d'autres couleurs • tissu fourrure • pompons • bâtonnets de glace • colle • ciseaux • ciseaux cranteurs • peinture • palette • pinceaux fins

sélectionner les matériaux Rassemblez les pièces de tissu, la peinture et les bâtonnets de glace. Collez le carré de coton bleu sur la feuille de carton. Découpez l'herbe dans le tissu vert avec les ciseaux cranteurs. Collez l'herbe sur le tissu bleu et laissez sécher.

découper des formes Découpez avec soin deux arbres et deux nuages en feutre, trois moutons en tissu fourrure, ainsi qu'un assortiment de fleurs et de fruits en coton de couleur. Pour les enfants, il est parfois plus facile de dessiner les formes des objets au dos du tissu au stylo feutre avant de les découper.

placer et coller les formes Disposez les différentes formes sur le fond. Quand la disposition vous plaît, collez-les et laissez sécher.

ajouter les détails Découpez les formes des troncs dans le feutre et collez-les. Coupez les bâtonnets de glace en deux pour former les piquets de la barrière et collez-les. Pour les barres horizontales, utilisez des bâtonnets entiers. Collez deux pompons pour réaliser le lapin et ajoutez-lui des oreilles en feutre. Peignez les oiseaux dans le ciel et le cœur des fleurs.

Quel que soit leur âge, les enfants aiment le collage. Donnez aux plus petits des formes en feutre ou feutrine déjà découpées. Ils s'amuseront du simple fait de les coller. Les plus âgés voudront découper leurs propres formes et décorer leurs collages avec de la peinture, des paillettes ou des perles.

collages textiles

Panneau mural

Les collages de tissus permettent de créer de très jolis panneaux muraux. Cette composition champêtre colorée et gaie (voir le pas à pas pages 42-43) est idéale pour une chambre d'enfant. Une cour de ferme ou une ruelle bordée de petites maisons seraient aussi du plus bel effet. Pour suspendre le panneau, utilisez une longueur de ruban que vous collerez ou que vous agraferez au dos de la réalisation.

cache-théière

Vous pouvez utiliser du voile thermocollant double face pour coller les tissus les uns sur les autres. La tasse de thé et sa soucoupe ont été appliquées sur le tissu de fond à l'aide de voile thermocollant. Les bords ont ensuite été brodés au point de feston et un joli nœud a été cousu en haut du cache-théière.

tee-shirt

Préparez les gabarits en papier du gâteau, épinglez-les sur les tissus choisis et découpez-les. Fixez un morceau de voile thermocollant au dos de ces pièces et thermocollez-les sur le tee-shirt. Pour finir, cousez quelques perles de rocaille rouges.

petites astuces

Ranger dans une boîte tout ce qui pourrait être utile pour les collages : chutes de ruban, bâtonnets de glace, papier aluminium, morceaux de carton...
Les plus jeunes enfants préféreront coller du papier ou du carton plutôt que des tissus.

teinture «batik»

La teinture «batik» ou «tie-dye» est une méthode simple, mais qui donne des résultats étonnants. Vous pourrez donner une nouvelle vie aux vieux tee-shirts blancs. Il est toutefois préférable qu'un adulte supervise l'opération de teinture. Vous pouvez bien sûr suivre les étapes décrites ci-après pour créer votre motif, mais la teinture en machine est plus facile et moins salissante que la méthode à la main.

VOUS AUREZ BESOIN DE :
un tee-shirt • corde • teinture pour tissu • ciseaux • seau • pot • cuillère en bois

nouer le tee-shirt A l'aide de la corde, faites deux nœuds autour de chacune des deux manches, en les serrant bien fort, afin de vous assurer que la peinture ne passera pas au travers. Répétez cette opération sur le corps du tee-shirt en faisant deux nœuds à 10 cm d'intervalle. Pour ajouter d'autres rayures, ajoutez des nœuds.

placer le tee-shirt dans la teinture
En suivant les instructions du fabricant, préparez la teinture dans un seau en ajoutant un fixateur de couleurs si nécessaire. Plongez le tee-shirt dans le seau, et remuez doucement avec la cuillère en bois pour que la teinture recouvre bien tout le tee-shirt. Laissez le tee-shirt tremper dans le seau environ une heure en remuant de temps en temps.

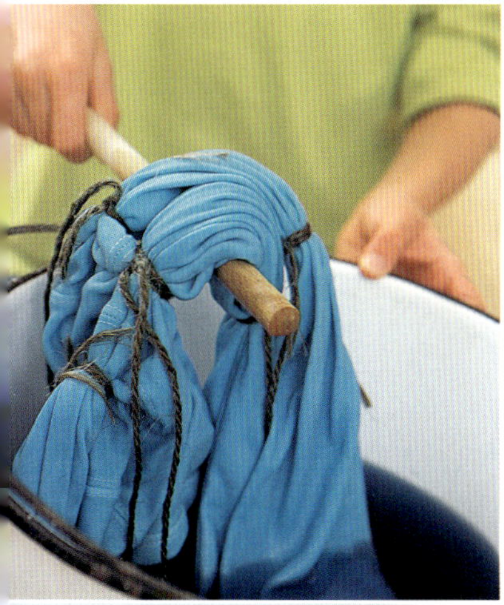

retirer le t-shirt Lorsque la teinture a fini de prendre, retirez avec précaution le t-shirt du seau, et rincez les différents éléments en suivant les instructions du fabricant. Ne dénouez pas les cordes.

couper les cordes Laissez le tee-shirt sécher complètement, puis coupez la corde avec des ciseaux en veillant à ne pas couper le tee-shirt. Repassez les plis laissés par la corde.

45341
45341

papier

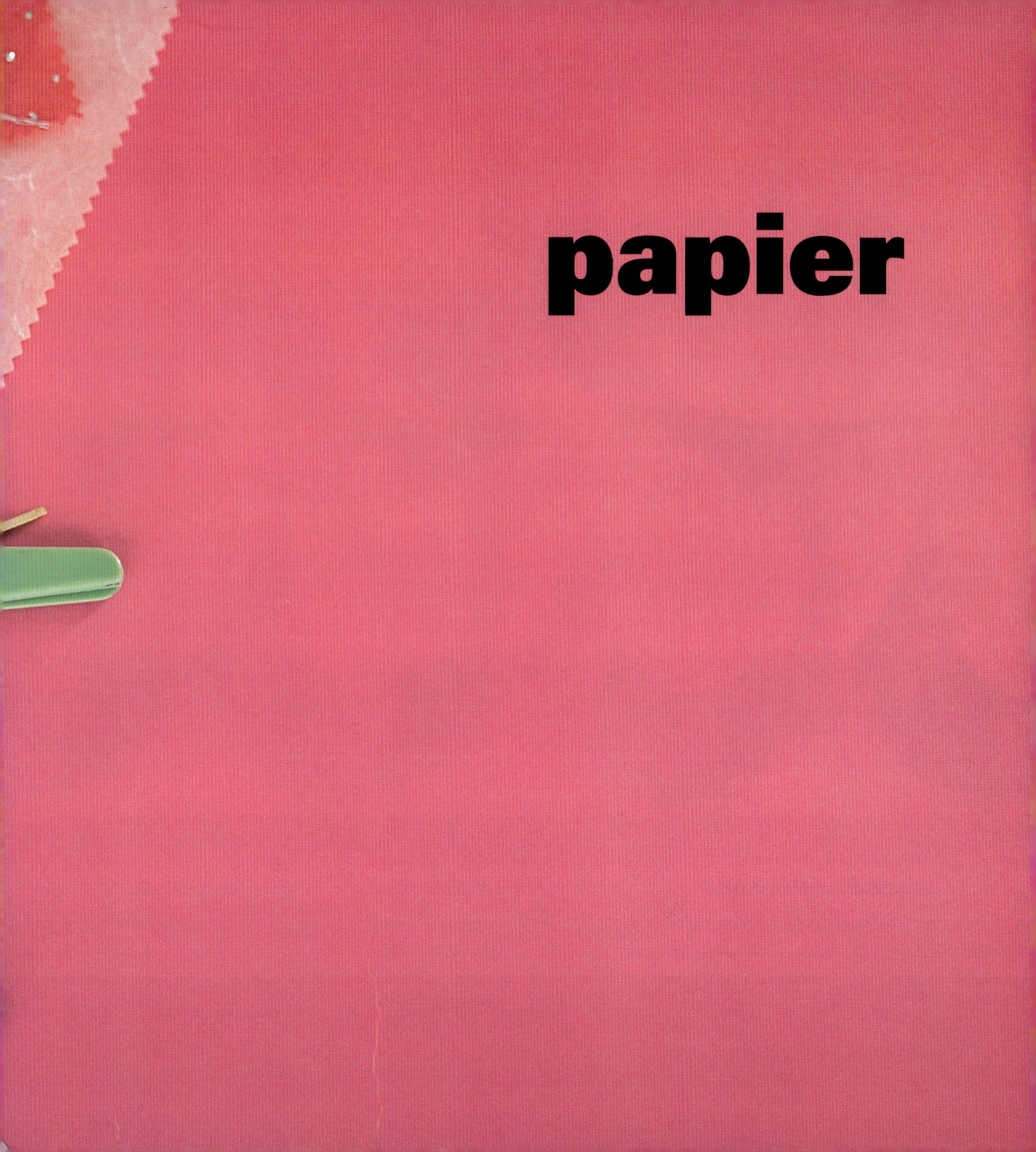

fleurs en papier

Les feuilles en papier sont faciles et rapides à faire. Elles permettent de recycler des vieux papiers cadeau. Vous pouvez réaliser les tiges avec du fil chenille ou des pailles, puis placer les fleurs dans des vases constitués de pots en plastique recouverts de papier. Utilisez aussi les fleurs pour réaliser de jolis bijoux ou pour décorer des cartes de vœux artisanales.

VOUS AUREZ BESOIN DE :
papier pour le gabarit de la fleur • crayon • ciseaux • feuille cartonnée pour la forme principale et le cœur de la fleur • papier crépon ou papier de soie • colle en bâton • fil chenille pour les tiges • ruban adhésif

dessiner la fleur Tracez la fleur sur le papier en utilisant le gabarit de la page 118 et découpez-la. A l'aide de ce gabarit, reportez le dessin de la fleur sur la feuille cartonnée puis découpez-le.

découper les pétales Tracez un pétale sur du papier à l'aide du gabarit de la page 118 et utilisez-le pour découper cinq pétales dans du papier crépon ou du papier de soie. Pour donner encore plus de volume à la fleur, découpez cinq pétales supplémentaires que vous collerez sur les cinq premiers.

coller les pétales Pour chaque pétale, faites un petit pli à l'extrémité placée près du centre de la fleur. Posez de la colle au dos du pétale et collez-le au centre de la fleur en carton. Répétez cette opération pour chaque pétale puis laissez la colle sécher complètement.

les finitions Découpez un petit cercle en carton, d'environ 1,5 cm de diamètre, et collez-le au centre de la fleur de manière à masquer les extrémités des pétales. Fixez un fil chenille avec un morceau de ruban adhésif au dos de la fleur pour former la tige.

barrette «fleur»

Cette belle fleur en papier est composée d'une fleur en feuille cartonnée et de pétales en papier crépon selon la technique décrite pages 50-51. Elle a ensuite été simplement collée sur une grosse barrette.

carte de vœux

Collez deux fleurs en papier crépon sur une carte de couleur et vous obtiendrez une carte en volume pour fêter un anniversaire ou la fête des Mères.

broche

Coupez un cercle en papier cartonné d'environ 3 cm de diamètre. Dans du papier crépon, coupez six grands pétales violet clair et six pétales plus petits violet foncé. Collez les grands pétales sur le cercle puis les petits. Ajoutez un pompon au cœur de la fleur.

petites astuces

Si les pétales de vos fleurs sont en papier crépon ou en papier de soie, servez-vous d'un bâton de colle plutôt que de colle PVA qui endommagerait le papier.

Réalisez en un tour de main ces éventails en utilisant du papier décoratif aux couleurs vives, des feuilles de papier cadeau par exemple. Ajoutez de longs glands de passementerie soyeux et le tour est joué !

éventails

VOUS AUREZ BESOIN DE :
papier décoratif ou papier cadeau • ciseaux • colle blanche en tube • paillettes • gland de passementerie en soie • agrafeuse

découper Commencez par couper un rectangle de papier d'environ 50 x 25 cm.

plier le papier Placez la feuille de papier bien à plat sur une table avec le plus petit côté en face de vous. En partant de ce côté, commencez à faire des plis réguliers, d'environ 2 cm de large, en retournant le papier après chaque pli pour créer un pli en accordéon. Aplatissez bien chaque pli (en vous aidant d'une règle pour obtenir un pli net et plat).

décorer Dépliez l'éventail légèrement et dessinez avec la colle une guirlande ondulée sur le bord supérieur du papier. Saupoudrez les paillettes sur la colle, puis secouez le papier pour éliminer l'excédent. Laissez la colle sécher complètement avant de replier l'éventail.

les finitions Pincez fermement les plis en bas de l'éventail et insérez la boucle en haut du gland en soie entre les plis. Agrafez à deux ou trois endroits. Lorsque les enfants sont très jeunes, c'est un adulte qui doit poser les agrafes.

Les filles comme les garçons prendront beaucoup de plaisir à fabriquer ces moulins à vent multicolores qui tournent sous le vent. Faites-en autant que vous le voulez et plantez-les dans les pots de fleurs pour agrémenter la décoration de vos fêtes.

moulins à vent

VOUS AUREZ BESOIN DE :
deux carrés de papier de 20 cm de côté de couleurs différentes • colle • ciseaux • feuille cartonnée pour le centre du moulin • épingles • bouchon • baguette de bois de 30 cm de long

choisir les couleurs

Choisissez les couleurs de papier que vous allez utiliser pour le moulin. Nous nous sommes servis de vert foncé, de bleu et de jaune, mais des pastels ou un rose et un orange vifs conviendraient tout autant.

coller et découper

Posez une fine couche de colle sur le dos d'une des feuilles de papier. Placez délicatement l'autre feuille de papier par-dessus et appuyez bien à plat. Chassez toutes les bulles d'air qui auraient pu se créer entre les deux feuilles et laissez sécher la colle complètement. En partant de chaque coin, coupez une ligne d'environ 10 cm de long en direction du centre du carré.

former les hélices

Ramenez une pointe le long de la ligne coupée jusqu'au centre du carré. Tenez-la en place avec vos doigts et passez au coin suivant. Répétez cette opération jusqu'à ce que les quatre coins soient rabattus sur le centre.

fixer avec une épingle

Plantez une épingle au centre du carré en vous assurant qu'elle transperce également les quatre pointes. Il est préférable qu'un adulte réalise cette opération. Enfoncez ensuite l'épingle dans un bouchon. Fixez la baguette de bois au dos du bouchon avec de la colle forte. Collez un cercle de feuille cartonnée pour cacher l'aiguille.

VOUS AUREZ BESOIN DE :
papier pour les gabarits • crayon • ciseaux • feuilles cartonnées de différentes couleurs • colle • cutter (à utiliser par un adulte) • attaches parisiennes

découper Tracez sur le papier les gabarits de l'ourson de la page 121 et découpez-les. Reportez-en les contours sur les feuilles cartonnée et découpez les formes. Vous aurez besoin de douze ovales de même taille pour les jambes, les bras et les oreilles de l'ourson, d'un ovale pour le corps, d'un autre pour la tête et enfin d'un ovale d'une autre couleur pour le nez.

coller le nez Collez le nez sur la tête de l'ourson et laissez la colle sécher complètement. Disposez toutes les pièces sur une table pour repérer l'emplacement des incisions.

marquer et inciser A l'aide d'un crayon, marquez l'emplacement des incisions pour les attaches parisiennes, en vous assurant que les pièces se superposent bien à cet endroit afin d'être liées par l'attache. Incisez avec le cutter à travers toutes les épaisseurs. Nous recommandons vivement qu'un adulte réalise cette opération, car les cutters sont dangereux.

insérer les attaches parisiennes Insérez les attaches parisiennes dans chaque incision et repliez-les bien à plat au dos de l'ourson. Continuez jusqu'à ce que l'ourson soit complètement assemblé. Pour finir, ajoutez une attache parisienne au centre du nez de l'ourson.

Les enfants s'amusent beaucoup en réalisant des animaux articulés et ils peuvent ainsi découvrir les articulations et le mouvement. Au fur et à mesure que vous les coupez et les assemblez, expliquez à votre enfant de quelle façon les différentes sections s'articuleront lorsqu'elles seront retenues par les attaches parisiennes. Les attaches parisiennes peuvent aussi être utilisées pour faire des boutons ou les yeux.

animaux articulés

petits lapins

Utilisez les gabarits de la page 120 pour réaliser ces petits lapins articulés rose clair et foncé. Suspendez-les ensuite à l'aide de pinces à linge en bois sur un beau ruban assorti pour décorer la chambre de votre enfant.

basset

Vous pouvez réaliser ce chien très coloré à l'aide des gabarits des pages 120-121 en suivant les explications des pages 58-59. Si vous voulez que votre chien soit plus long, allongez simplement le gabarit du corps. Les pattes et la queue du chien utilisent un seul et même gabarit. Ajoutez-lui un manteau en tissu pour créer du contraste.

guirlande de nounours

Avec la même technique (pages 58-59), nous avons assemblé une série de joyeux petits nounours verts, jaunes et bleus, que nous avons ensuite reliés les uns aux autres par les pattes à l'aide d'attaches parisiennes. Nous les avons ensuite fixés sur un mur uni, comme une guirlande.

petites astuces

Avant d'assembler les différentes sections, décorez-les avec des paillettes ou de la peinture. Les enfants adorent décorer leurs créations, ils pourraient y passer des heures.

Guirlandes d'anneaux

D'une simplicité enfantine, les guirlandes d'anneaux en papier peuvent décorer joliment les goûters d'anniversaire de vos enfants et autres fêtes. Nous avons utilisé une combinaison de roses et d'oranges vifs, mais vous pouvez tout aussi bien choisir des couleurs pastel ou une harmonie de rouge et de blanc pour des décorations de Noël.

VOUS AUREZ BESOIN DE :
papiers de couleurs assorties d'au moins 28 cm de long • crayon • règle • ciseaux • colle

Choisir les couleurs

Demandez à votre enfant de choisir les couleurs qu'il préfère. Pour que votre chaîne soit encore plus décorative, vous pouvez même utiliser du papier cadeau imprimé ou du papier calque de couleur.

Tracer les bandes Tracez des bandes au dos du papier avec une règle et un crayon, en veillant à ce que chaque bande fasse environ 2 cm de large. Dans une feuille de papier A4, si vous tracez vos bandes dans la largeur, vous en obtiendrez environ quatorze.

Découper les bandes Découpez les bandes avec des ciseaux. Groupez-les par couleurs pour pouvoir travailler plus facilement.

Coller les bandes en anneaux Formez un anneau avec la première bande et collez les deux extrémités ensemble. Pour le maillon suivant, passez la bande au travers du premier anneau et collez les extrémités. Répétez cette opération jusqu'à ce que la chaîne soit de la longueur souhaitée.

Recouvrez de papier personnalisé les cahiers d'école et les livres à offrir. Suivez la même technique pour décorer les boîtes et albums photos qui garderont bien précieusement petits trésors et souvenirs heureux.

couvertures de livres et boîtes cadeaux

VOUS AUREZ BESOIN DE :
papiers décoratifs assortis • ciseaux • colle • livres • crayon • petit pinceau

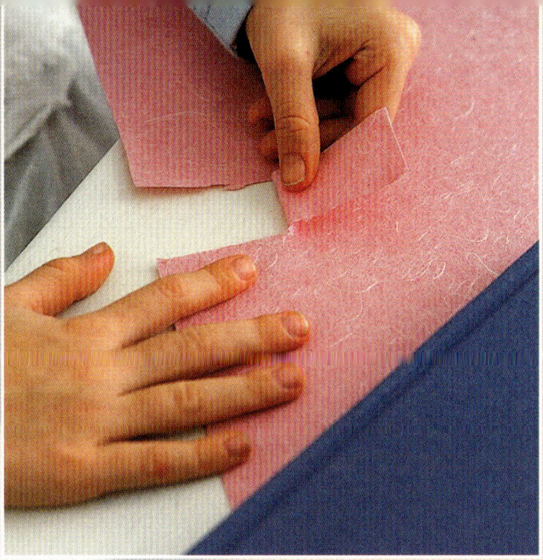

découper le papier Placez le livre ouvert à plat sur le papier. Découpez le papier en laissant une marge d'environ 4 cm tout autour du livre. Coupez une petite languette dans le papier sur la tranche du livre, en haut et en bas, et repliez-les à l'intérieur pour les cacher.

coller sur le livre Rabattez les bords du papier vers l'intérieur du livre en pliant les angles afin que les bords soient bien nets. Collez le papier en place et laissez sécher complètement. Il est important de bien coller le papier aux angles du livre.

découper les motifs A l'aide de ciseaux, découpez des fleurs, des pétales, ou tout autre motif de votre choix. Les plus jeunes enfants préféreront les dessiner avant de les couper.

décorer Disposez harmonieusement les motifs en papier sur le livre. Lorsque vous êtes satisfait de la composition, collez les différents éléments. Utilisez le pinceau fin pour appliquer la colle au dos des toutes petites pièces. Laissez sécher complètement.

boîtes cadeaux

Utilisez des boîtes en carton ou encore des boîtes à biscuits ou à chocolats, pour créer ces charmants présents. Couvrez les boîtes avec du papier. Découpez ensuite un cœur, des pétales de fleur de différentes couleurs et de différentes textures, puis décorez la boîte. Si vous le souhaitez, vous pouvez utiliser le gabarit de fleur page 118.

album photos

Pour cet album photos, utilisez deux pièces de carton rigide recouvertes de papier. Collez le mot «PHOTOS» et une fleur découpés dans un beau papier sur la couverture de l'album. Insérez des feuilles de papier entre les deux épaisseurs de carton, puis utilisez une perforatrice pour trouer le carton et le papier. Passez un petit élastique dans les trous pour maintenir l'ensemble, nouez et ajoutez un joli ruban.

livres

Vous pouvez orner les couvertures de livres de fleurs ou de bandes étroites en papier de couleur collées à l'horizontal. Les garçons peuvent personnaliser leurs carnets avec des motifs de bateaux, de trains et de voitures, découpés dans du papier de couleur vive.

petites astuces

Plus le papier est fin, plus il est facile à utiliser pour couvrir un objet. Les papiers plus épais sont plus difficiles à plier, particulièrement aux angles. Il vaut mieux les utiliser pour couper les motifs qui viendront orner les couvertures.

Voici une façon simple de créer des objets de déco en trois dimensions à poser le long d'une fenêtre ou sur une étagère. Nous avons décoré nos lanternes avec des rubans vichy, mais vous pouvez également les parer de boutons ou de paillettes.

lanternes

VOUS AUREZ BESOIN DE :
feuilles de papier A4 de couleurs différentes • ciseaux • colle • ruban

couper et plier le papier

Coupez une bande de papier d'environ 1 cm de large dans la largeur de la feuille. Conservez-la, elle permettra de faire la suspension de la lanterne. Maintenant, coupez un carré d'environ 20 cm de côté, puis pliez-le en deux,en marquant bien le pli.

couper des fentes égales En partant du bord plié du papier et à l'aide de ciseaux, faites des fentes dans le papier qui s'arrêtent à environ 3 cm de l'autre bord. Les fentes doivent être séparées de 2 cm. Vous pouvez tracer les lignes avec une règle et un crayon, afin que l'enfant puisse les couper plus facilement.

coller en tube Pour créer la forme de la lanterne, dépliez le carré de papier et enroulez-le pour former un tube avec les fentes placées à la verticale. Collez les bords du papier ensemble, puis appuyez doucement sur le haut de la lanterne pour lui donner sa forme évasée.

les finitions coupez une longueur de ruban puis collez-la en haut de la lanterne. Collez chaque extrémité de la bande de 1 cm restante en haut de la lanterne, de chaque côté, et laissez sécher complètement.

Cette technique donne des résultats époustouflants. Adaptable à tous les âges sans exception, elle amusera les enfants pendant des heures. Conservez dans une boîte dédiée au découpage des chutes de papiers cadeaux, des napperons en papier, des journaux ou encore des magazines. Vous pouvez également acheter des revues contenant des pièces prêtes à être découpées.

découpage

VOUS AUREZ BESOIN DE :
une boîte à décorer • papiers assortis de tailles différentes • colle • ciseaux

déchirer et couper le papier Les découpages sont particulièrement réussis lorsqu'ils sont composés à la fois de pièces déchirées et de pièces découpées. Les bords irréguliers permettent de créer du relief. Pour encore plus de variété, vous pouvez découper des pièces avec des ciseaux à lames fantaisie comme les ciseaux cranteurs.

coller Commencez par coller les plus grandes pièces pour recouvrir la boîte complètement. Vous gagnerez ainsi du temps et vous aurez le fond sur lequel ajouter plus tard les plus petites pièces. Laissez toujours la colle sécher avant d'appliquer une nouvelle épaisseur de papier.

superposer les papiers Lorsque la première épaisseur de papier est sèche, ajoutez d'autres pièces plus petites. Nous avons recouvert la boîte avec des pièces déchirées et de plus petits carrés. Laissez bien sécher votre travail avant de superposer les papiers afin que l'humidité de la colle n'endommage pas les papiers du dessous.

les finitions Terminez le découpage avec des formes encore plus petites de fleurs ou de feuilles, découpées dans du papier cadeau. Vous trouverez peut-être plus facile d'utiliser un pinceau pour appliquer la colle sur les plus petites pièces.

boîte à jouets

Les dessins simples en noir et blanc conviennent particulièrement bien à la technique de découpage. Nous avons réalisé cette boîte à jouets à partir d'une vieille boîte à chaussures que nous avons recouverte avec les motifs d'un jeu de cartes à jouer, photocopiés dans un livre libre de droits.

boîte «loisirs créatifs»

Pour couvrir cette boîte, nous avons collé des morceaux de papier que nous avons nous-mêmes décoré de motifs floraux, dorés ou argentés. Pour la finition, nous avons coupé puis collé des fleurs et des pétales.

boîte à dragées

Nous avons recouvert cette boîte en forme de cœur avec morceaux de papier et des roses découpées dans un papier peint rétro. Remplie de dragées, elle devient le cadeau parfait pour un ami ou un parent. Les bords sont recouverts d'une bande découpée dans un napperon en papier surmontée d'un fin ruban de velours.

petites astuces

On applique généralement un vernis acrylique sur les collages pour les protéger. Vous pouvez aussi utiliser du vernis-colle qui, comme son nom l'indique, colle et vernis à la fois. Magique !

In my garden there is a bi
probably a starling, whose
song repertoire includes
clearly identifiable mobile
phone ringtones. How
Black resigns
is from Volokitin

modelage et petit bricolage

dinosaure en papier mâché

Les enfants prennent toujours beaucoup de plaisir à modeler des objets en trois dimensions. Mais en pratiquant cette activité, ils vont manipuler de la colle et de la peinture… Autant vous dire qu'un minimum d'organisation est nécessaire si vous ne voulez pas être dépassé par les événements !

VOUS AUREZ BESOIN DE :
papier journal • ballon • bol pour poser le ballon • gros pinceaux • colle à tapisserie • papier aluminium pour les pattes et la tête du dinosaure • carton (nous avons utilisé une enveloppe en carton rigide) • peinture • ruban adhésif

Couvrir le ballon Déchirez le papier journal en bandes et gardez-les de côté. Gonflez le ballon et posez-le sur un bol pour le maintenir en place. Appliquez de la colle sur le ballon avec un pinceau et couvrez-le avec du papier. Superposez plusieurs épaisseurs de bandelettes de papier.

Ajouter les pattes et la tête Nous avons utilisé du papier aluminium que nous avons roulé pour obtenir les petites formes cylindriques des pattes et de la tête, puis nous les avons fixées sur le ballon avec du ruban adhésif. Appliquez de la colle sur les pattes et la tête, puis recouvrez-les avec des bandes de papier. Assurez-vous que ces bandes sont également collées sur le corps du dinosaure, afin de bien maintenir les pattes et la tête en place lorsque la colle aura séché.

Ajouter les pointes Découpez dans le carton des triangles d'environ 2 cm de large et de 4 cm de haut. Pliez le bas du triangle à un angle de 90°, puis collez la partie à plat du triangle sur le ballon. Faites deux rangées pour créer les pointes dorsales du dinosaure. Une fois la colle sèche, ajoutez une nouvelle couche de papier pour bien maintenir les pointes en place.

Les finitions Laissez le dinosaure sécher toute une nuit avant de le peindre en violet et en bleu. Laissez la peinture sécher complètement. Pour finir, ajoutez des taches bleues sur le corps du dinosaure.

VOUS AUREZ BESOIN DE :

baguettes de balsa de tailles et d'épaisseurs différentes (en vente dans la plupart des magasins de bricolage ou de modélisme) • colle • peinture • pinceaux de différentes tailles • ciseaux cranteurs • chutes de tissu pour la voile

coller la base Dans une baguette de balsa carrée de 1 cm, coupez sept morceaux de 10 cm pour le radeau. Disposez deux pièces de balsa à environ 9 cm l'une de l'autre, puis collez les cinq autres pièces par-dessus à intervalles réguliers. Pour le mât, coupez deux cubes de balsa de 1 cm de côté, et deux morceaux de 10 cm dans du balsa de 5 mm d'épaisseur.

peindre Peignez le radeau et les pièces du mât, puis laissez-les sécher complètement. Il vous faudra peut-être passer une deuxième couche de peinture pour obtenir un résultat régulier. Laissez sécher.

ajouter la voile et le mât Dans le tissu, coupez un triangle de 8 cm de large et 8 cm de haut, en utilisant des ciseaux cranteurs. Disposez une longue pièce du mât à plat sur la table, puis posez un filet de colle sur le milieu du triangle en tissu avant de l'appliquer sur le mât. Positionnez la seconde longue pièce du mât par-dessus de façon à prendre la voile en sandwich entre les deux morceaux de bois, et collez-la. Laissez sécher.

fixer la voile Collez un cube en balsa de part et d'autre du mât. Posez une goutte de colle au milieu du radeau et collez le mât. Laissez sécher. Vous pourrez ajouter de la peinture à cet endroit pour masquer la colle.

Le balsa est facile à couper et à coller, ce qui le rend idéal pour les enfants. Ils pourront couper les petites pièces avec des ciseaux, mais les plus grosses pièces devraient être coupées par un adulte à l'aide d'une petite scie.

miniatures en balsa

radeau

Nous avons réalisé ce joli radeau en suivant la technique décrite pages 78-79. Les enfants s'amuseront pendant des heures en le faisant voguer dans un seau, dans leur bain, ou pourquoi pas sur une mare. Mais si vous l'utilisez à l'extérieur, n'oubliez pas de fixer une corde au bateau, afin de pouvoir toujours le ramener au bord !

tables et chaises de poupées

Pour la table, il vous faudra un rectangle de balsa de 6 x 10 cm pour faire le plateau et quatre pieds de 4 cm de long, coupés dans une section de balsa de 1 cm de côté. Les assises et les pieds de chaises sont également en balsa, alors que les dossiers sont composés de bâtonnets de glace. Nous avons peint la table en bleu, puis nous l'avons décorée avec un rose de la même couleur que les chaises.

lit de poupées

Accessoire indispensable à toutes les maisons de poupées, ce lit est composé d'une pièce de balsa de 10 x 6 cm. La tête de lit est en balsa fin et les pieds sont des cubes de balsa de 1 cm de côté. Nous avons peint le lit en rose agrémenté de motifs blancs. Pour la couette, nous avons cousu deux rectangles de tissu vichy où nous avons ensuite appliqué un ruban vichy bleu.

petites astuces

Si vous travaillez avec de jeunes enfants, il est préférable de couper les pièces de balsa pour eux. Ils peuvent ainsi passer plus rapidement aux parties amusantes du projet que sont le collage et la peinture.

Les boules à neige sont de formidables cadeaux pour les amis ou la famille, et les enfants prennent beaucoup de plaisir à les faire. Nous avons placé des décorations de Noël à l'intérieur des nôtres, mais votre enfant pourra aussi utiliser de petits animaux en plastique, ou toute autre décoration qu'il aurait faite lui-même.

boules à neige

VOUS AUREZ BESOIN DE :
pots à confiture vides et propres • eau distillée • glycérine • détergent liquide • broc à eau et cuillère pour le remplissage • paillettes • décorations de Noël pour mettre dans le pot • colle forte résistante à l'eau

remplir les pots Versez de l'eau distillée dans les pots à confiture. Remplissez-les le plus possible. Ajoutez deux cuillères à café de glycérine et une demi-cuillère à café de détergent.

ajouter les paillettes Ajoutez cinq ou six cuillères à café de paillettes. Les paillettes blanches ou argentées sont très similaires à la neige, mais vous pouvez également utiliser des paillettes rouges, vertes, ou de toute autre couleur vive, pour obtenir des boules à neige très festives.

fixer la décoration Collez la décoration sur l'intérieur du couvercle du pot de confiture. Si l'enfant est très jeune, il est préférable qu'un adulte le fasse pour lui. Laissez sécher la colle complètement en vous référant aux instructions du fabricant.

refermer le couvercle Replacez le couvercle sur le pot de confiture et vissez-le bien. Le pot devrait être hermétique mais par précaution, vous pouvez sceller les bords avec une couche de pâte silicone que vous trouverez dans tous les bons magasins de bricolage.

VOUS AUREZ BESOIN DE :
argile (ou pâte) à modeler séchant à l'air • rouleau à pâtisserie • emporte-pièces à biscuits • spatule • pinceaux • peinture • colle • paillettes • pinces à épiler • paille • aimants autocollants • ruban pour colliers • épingles pour broches

étaler Retirez l'argile de son emballage, pétrissez-la pour la ramollir, puis étalez-la à l'aide d'un rouleau à pâtisserie. Pour les petits objets comme les broches, l'argile doit avoir environ 5 mm d'épaisseur et 8 mm d'épaisseur pour les objets plus gros.

découper A l'aide des emporte-pièces, découpez des formes dans l'argile. Eliminez délicatement l'excédent d'argile autour des emporte-pièces avant de retirer ces derniers. Avec une spatule, décollez avec soin les formes en argile et disposez-les sur un plateau pour les laisser sécher. Lorsque la forme est sèche sur un côté, retournez-la afin que l'autre face puisse sécher.

peindre et décorer Passez deux ou trois couches de peinture de couleurs vives sur les formes en argile, en laissant bien sécher entre chaque couche. Si vous choisissez des couleurs claires ou pastel, il vous faudra appliquer plus de couches de peinture.

les finitions Décorez les formes finies en collant des paillettes ou de petits motifs en argile. Aidez-vous au besoin de la pince à épiler pour les placer précisément. Fixez des aimants autocollants au dos des formes pour faire des magnets, ou encore des épingles pour faire des broches. Avec de l'adhésif double face, vous pourrez coller des lettres en argile sur une porte.

Les enfants aiment beaucoup travailler l'argile. Ils peuvent créer toutes sortes d'objets, comme des bijoux fantaisie pour leurs amis, des lettres d'alphabet à coller sur une porte et des magnets pour le réfrigérateur. Il existe des emporte-pièces à biscuits, en plastique ou en métal, aux formes et aux tailles variées. Ils permettent de découper l'argile très facilement. Une fois sèches, vous pouvez peindre ou décorer vos formes en argile.

modelages en argile

lettres en argile

Les enfants adorent découper dans de l'argile les lettres de leur nom, qu'ils colleront ensuite sur la porte de leur chambre. Nous avons décoré ces lettres avec de toutes petites fleurs en utilisant un emporte-pièce miniature en forme de fleur et une paille pour marquer le rond au centre des fleurs. Peignez les lettres avec des couleurs vives, puis collez-les sur la porte avec de l'adhésif double face. Vous pouvez également les utiliser pour décorer des boîtes à jouets ou des coffres en bois.

bijoux

Pour réaliser ces jolis bijoux, utilisez de petits emporte-pièces à biscuits en forme de cœur ou de fleur. Pour que les formes ne soient pas trop lourdes, étalez bien l'argile jusqu'à obtenir une épaisseur de 5 mm. Avec l'extrémité d'une paille, faites un trou dans l'argile pour passer un ruban fin. Peignez les formes avec des couleurs vives et décorez-les de paillettes.

magnets pour réfrigérateurs

Choisissez des emporte-pièces en forme de poisson, de fleur ou de papillon. Ornez-les de jolies couleurs et de paillettes. La plupart des magasins de loisirs créatifs proposent des aimants autocollants vendus en bandes et que vous découpez ensuite à la taille voulue.

petites astuces

Evitez de mettre l'argile en contact avec l'eau, car elle deviendrait collante et difficile à travailler. • Pour pouvoir la réutiliser plus tard, conservez l'argile enveloppée dans un plastique ou mieux dans une boîte hermétique. • Quelques couches de vernis (appliquées par un adulte) allongeront la durée de vie de vos objets en argile peinte.

Depuis des générations, les enfants fabriquent ces marionnettes traditionnelles à partir de cuillères en bois, de demi-cercle de tissu ou de papier et de cheveux en laine. Le théâtre est un simple morceau de carton habillé de papier mauve. De grands moments de plaisir, de rire et de jeu en perspective !

marionnettes en cuillères en bois

VOUS AUREZ BESOIN DE :
cuillères en bois • stylo noir • ciseaux • corde ou laine • colle • une assiette de 30 cm de diamètre pour le gabarit des habits • ciseaux cranteurs • tissu, feutrine ou napperons en papier • boutons, rubans et petites fleurs de soie

dessiner les visages A l'aide d'un stylo à pointe fine, dessinez les visages sur les cuillères en bois. Encouragez vos enfants à laisser aller leur imagination pour ajouter des joues roses, un nez et des sourcils avec des stylos de couleur...

ajouter les cheveux Pour des cheveux tressés avec une frange, coupez six longueurs de corde ou de laine d'environ 30 cm et deux longueurs de 8 cm. Nouez les deux bouts les plus courts au milieu des six autres longueurs pour créer la frange. Vous pouvez également utiliser dix longueurs de 30 cm pour les cheveux longs lâchés et six longueurs de 6 cm pour les cheveux d'un garçon. Collez les cheveux en haut de la cuillère en bois.

les habiller Placez l'assiette de 30 cm sur le tissu de votre choix et dessinez-en le contour au stylo noir. Découpez le cercle puis recoupez-le en deux, en utilisant des ciseaux cranteurs pour éviter que le tissu ne s'effiloche. Entourez le demi-cercle de tissu autour du manche de la cuillère, vers le cou de la marionnette, et collez-le. Ornez-le de petits boutons ou de rubans.

les finitions Tressez délicatement les cheveux de la poupée et attachez-les aux extrémités avec des rubans colorés.

Les mobiles sont amusants à réaliser pour les filles comme pour les garçons. Ce sont de très belles décorations pour les chambres d'enfants et ils feront de superbes cadeaux pour la naissance d'un bébé. Pour les réaliser, vous pouvez utiliser toutes sortes de matériaux, comme du fil de fer ou des perles, mais aussi du balsa ou des modelages en argile.

mobiles à suspendre

VOUS AUREZ BESOIN DE :
fil de fer pour les cœurs • fil de fer plus fin pour suspendre les cœurs • perles en bois de couleur • grelot • ciseaux • deux baguettes de balsa de 30 cm • peinture • colle

enfiler les perles Enfilez les perles en bois sur le fil de fer de plus gros diamètre en alternant les couleurs. Nous avons utilisé vingt-sept perles par cœur.

former un cœur Placez le fil de fer perlé sur une surface plane et courbez-le pour créer la forme d'un cœur. Pour effectuer cette opération, votre enfant aura peut-être besoin d'aide et en particulier lorsqu'il s'agira de ramener les deux extrémités vers le milieu du cœur.

former une boucle et la croix en balsa Pliez le fil de fer pour réaliser une boucle au centre du cœur et entortillez les deux extrémités ensemble pour maintenir le tout. Fixez le grelot à l'aide du fil de fer plus fin que vous enroulerez autour de la boucle. Réalisez quatre cœurs en tout. Peignez les deux baguettes de balsa et laissez sécher. Placez-les l'une sur l'autre pour former une croix et collez-les.

monter le mobile Coupez quatre longueurs de 30 cm de fil de fer fin. Fixez l'extrémité d'un de ces fils à la boucle d'un cœur en l'entortillant et enroulez l'autre extrémité autour d'une baguette de balsa. Ajoutez un point de colle entre le fil de fer et le balsa.

voitures

Comme il est très léger et facile à découper, le balsa est parfait pour les mobiles. Pour ce mobile, dessinez puis découpez les formes des voitures, des vitres et des roues. Peignez ensuite les voitures et les vitres avec des couleurs vives et les roues en noir. Lorsque la peinture est sèche, collez les vitres et les roues sur la voiture. Faites un petit trou en haut de chaque voiture, et fixez-les à la croix en balsa à l'aide d'un fil de fer fin.

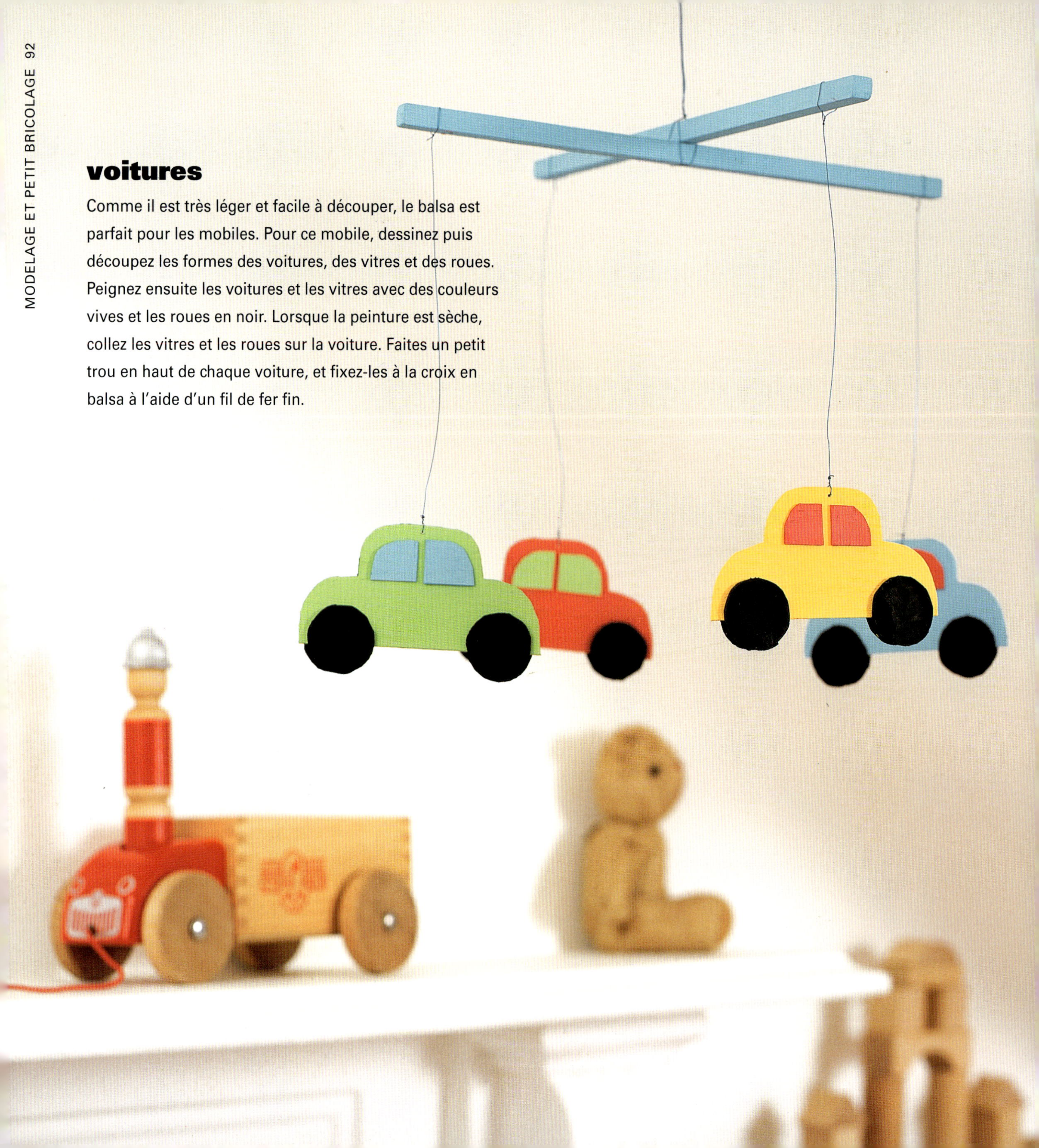

cœurs en perles

Nous avons réalisé ce mobile en perles en suivant le pas à pas pages 90-91. Enfiler des perles est un très bon exercice pour développer l'adresse des enfants. Les plus jeunes, qui trouvent parfois les petites perles difficiles à manier, peuvent utiliser des grosses perles, ou de grosses pâtes alimentaires peintes.

fleurs mauves

A l'aide d'un emporte-pièce à biscuits, découpez les formes des fleurs dans de l'argile à modeler et faites un trou dans chaque fleur avec une paille. Ajoutez de petits points de peinture d'une couleur contrastante. Passez un ruban dans le trou de la fleur et faites un nœud. Utilisez du fil de fer fin pour suspendre les fleurs à la croix en balsa.

petites astuces

Pour les bébés, essayez de trouver de petits jouets en bois ou en tissu à suspendre aux mobiles. • Les motifs monochromes en noir et blanc sont visuellement très attractifs pour les très jeunes bébés. • Vous pourrez les peindre sur des formes en argile ou en bois, et peindre le support en balsa avec des rayures noires et blanches.

occasions spéciales

Les poupées en pinces à linge ont juste la bonne taille pour les maisons de poupées. Pour Noël, vous pouvez les habiller en anges, avec de belles robes en dentelle blanche et des ailes argentées, ou en Père Noël en feutrine rouge avec une barbe en coton.

anges en pinces à linge

VOUS AUREZ BESOIN DE :

pinces à linge en bois • stylos-feutres noir et argenté • chutes de dentelle et de coton pour la robe • ciseaux • colle • fil chenille pour l'auréole • carton argenté pour les ailes • ruban translucide pour la boucle de suspension

dessiner le visage et les pieds Utilisez un stylo noir pour dessiner, sur la pince en bois, les yeux et la bouche, et un stylo feutre argenté pour colorier les chaussures. Laissez sécher.

découper et coller les robes Découpez deux carrés de 8 cm de côté, un en coton et l'autre en dentelle. Posez à plat le carré de coton sur le carré de dentelle et collez un des petits côtés du tissu au dos de l'ange. Enroulez le tissu autour de l'ange et collez l'autre côté du tissu sur son dos.

fixer les ailes A l'aide de ciseaux, découpez soigneusement une paire de petites ailes dans le carton argenté. Posez un point de colle sur les ailes et fixez-les au dos de l'ange.

ajouter l'auréole et le ruban Pliez le fil chenille en rond pour former l'auréole et placez-la sur la tête de l'ange. Coupez environ 20 cm de ruban translucide et attachez-le autour du cou de l'ange. Nouez les deux extrémités du ruban pour créer une boucle de suspension.

VOUS AUREZ BESOIN DE :
papier • crayon • ciseaux

plier le papier Prenez un carré de papier, pliez-le en deux sur la diagonale. Pliez-le à nouveau en deux, puis une nouvelle fois en deux. Vous devez maintenant avoir un petit triangle.

dessiner le motif A l'aide d'un crayon, dessinez des formes triangulaires ou festonnées sur les bords pliés. Vous pouvez aussi tracer des courbes sur les pointes du triangle (mais pas au centre du carré plié). Essayez plusieurs formes pour obtenir des flocons différents.

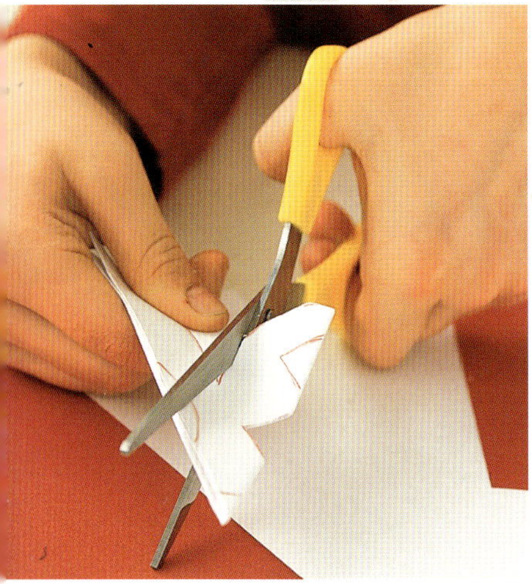

découper Avec des ciseaux, découpez soigneusement les lignes que vous avez tracées sur le papier. Plus vous découperez de formes et plus votre flocon sera original.

déplier Dépliez délicatement votre papier et placez-le bien à plat pour voir apparaître le motif. Vous pouvez découper des flocons dans des carrés de 20 cm de côté pour un gros flocon et 10 cm de côté pour un petit flocon.

flocons de neige en papier

Faciles à réaliser, ces flocons en papier font toujours beaucoup d'effet. A Noël, utilisez-les pour décorer les fenêtres, fixez-les sur un mur en les disposant en couronne. Accrochez-les à des branches d'arbre coupées placées dans un vase pour décorer une table. Utilisez aussi des papiers de couleurs et du papier-calque pour varier les plaisirs !

Ornez un simple cône de carton avec des paillettes et d'un pompon pour créer ce très bel ange qui décorera la cime de votre sapin. Utilisez des plumes ou des feuilles texturées (disponibles dans les magasins de loisirs créatifs) pour former les ailes. Vous pouvez aussi décorer la cime de votre sapin avec un Père Noël de feutrine rouge et une barbe en coton, ou encore avec le renne Rudolph en carton marron et des bois en fil chenille.

décoration pour le sapin de Noël

VOUS AUREZ BESOIN DE :
carton blanc • assiette de 30 cm • fil de sequins • petit pompon blanc • plumes pour les ailes • colle • agrafeuse si nécessaire • ciseaux • crayon • fil chenille argenté pour l'auréole

coller le fil de paillettes Utilisez une assiette de 30 cm pour tracer un demi-cercle sur le carton, puis découpez-le avec les ciseaux. Collez le fil de sequins le long du bord arrondi du demi-cercle, à environ 1 cm du bord. Laissez sécher.

former le corps Roulez le carton de façon à obtenir une forme de cône. Collez les bords et laissez sécher. Par précaution, vous pouvez aussi agrafer les bords.

coller le pompon Posez un point de colle sur le pompon et fixez-le sur le sommet du cône. Faites un cercle avec le fil chenille argenté, puis fixez cette auréole avec un tout petit peu de colle sur le haut du pompon.

fixer les ailes Collez les ailes au dos du cône. Nous avons collé deux plumes blanches par aile. Laissez la colle sécher complètement.

Un simple cône en carton noir sert de base à cet effrayant chapeau de sorcière avec un bord, ou à un chapeau de sorcier sans bord. Décorez-les avec un voile noir et des étoiles en argent pour une nuit de bonbons ou de farces !

chapeau d'Halloween

VOUS AUREZ BESOIN DE :

Carton noir • crayon • ciseaux • agrafeuse ou gros ruban adhésif • emporte-pièce en forme d'étoile pour gabarit • papier argenté pour les étoiles • colle • voile noir

mesurer et couper Coupez dans le carton noir un demi-cercle d'environ 60 cm de diamètre. Roulez-le pour former un cone et ajustez-le à la tête de l'enfant. Tracez une ligne à l'endroit où le carton doit être relié, pour fixer le carton avec un gros ruban adhésif (nous nous sommes servis d'un adhésif noir pour plombier, qui est de la même couleur que le chapeau). Par précaution, vous pouvez ajouter des agrafes.

couper le bord Placez le cône sur une feuille de carton noir et tracez un rond tout autour. Tracez ensuite un autre cercle, environ 8 cm plus large, pour former le bord. Faites un autre cercle, à l'intérieur du premier, environ 2 cm plus étroit, qui permettra de faire les rabats du bord. En utilisant des ciseaux, découpez le bord, puis découpez les rabats à un intervalle de 2 cm, tout le long du bord intérieur.

fixer le bord au chapeau Pliez un rabat sur deux vers l'arrière, puis positionnez le cone sur le bord. Utilisez un gros ruban adhésif pour fixer les rabats sur le cone. Veillez à bien poser le ruban adhésif pour que le bord reste en place.

décorer Nous avons utilisé un emporte-pièce à biscuit comme gabarit pour dessiner les étoiles sur du papier argenté. Découpez-les avec des ciseaux, puis collez-les sur le chapeau. Pour la touche finale, nous avons collé sur la pointe du chapeau une longueur de voile noir.

Cet amusant masque de chat est parfait pour Halloween, ou pour se déguiser. Le noir convient très bien pour Halloween, mais ce masque serait également très joli en blanc ou en marron. Ajoutez des moustaches en fil chenille et un petit pompon pour le nez du chat.

masque de chat

VOUS AUREZ BESOIN DE :
papier calque • carton noir • feutrine noire • colle • ciseaux • pompon pour le nez • fil chenille pour les moustaches • perforatrice • élastique

dessiner les gabarits

Tracez le gabarit de la page 119 sur une feuille de papier pliée en deux, et découpez-le. Dépliez le gabarit. Collez une pièce de feutrine noire sur un morceau de carton noir et laissez sécher.

découper le masque Sur le carton collé à la feutrine, dessinez la forme du masque à l'aide du gabarit en papier. Découpez délicatement le masque avec des ciseaux, en faisant particulièrement attention lorsque vous découperez la forme des trous pour les yeux. Pour les yeux, un adulte peut d'abord faire une entaille dans le carton, afin que l'enfant puisse plus facilement insérer les ciseaux.

placer le nez et les moustaches Collez le pompon sur le masque pour faire le nez. Coupez six moustaches en fil chenille d'environ 10 cm chacune, et collez-les de chaque côté du masque, juste en dessous des trous pour les yeux. Laissez sécher.

fixer l'élastique Trouez le masque de chaque côté avec une perforatrice, à l'endroit indiqué sur le gabarit. Passez une extrémité de l'élastique dans un des trous, et faites un nœud. Passez ensuite l'élastique dans le second trou, faites à nouveau un nœud. Pour finir, coupez le bout d'élastique qui dépasse.

VOUS AUREZ BESOIN DE :
sac en papier blanc • ciseaux • crayon • napperon en papier rond • colle • pinceaux pour la colle • coupelles en papier de tons pastel • agrafeuse • perforatrice • ruban d'environ 2,5 cm de large.

couper le sac en papier Coupez le haut de votre sac pour que sa hauteur ne soit plus que d'environ 20 cm. Positionnez votre sac à plat, en repliant le soufflet, et tracez une courbe, en partant d'un des coins du bas jusqu'en haut.

coller la bordure Découpez les bords courbés du napperon en papier, avec environ 4 cm de largeur. Coupez une autre pièce de napperon droite, qui servira à border le bord du soufflet du sac. Collez les pièces de napperon en papier sur l'intérieur du chapeau, sur les deux bords courbés et le bord droit du soufflet. Laissez sécher complètement.

créer les rosettes Ouvrez les coupelles en papier et mettez-les délicatement à plat. Pliez-les en quatre, pour créer une forme de rosette, puis fixez-en deux ou trois sur un côté du bonnet, avec une agrafeuse Donnez-leur ensuite du volume, en les faisant gonfler, pour qu'elles ressemblent réellement à des fleurs.

les finitions Utilisez une perforatrice pour faire un trou de chaque côté du chapeau, vers le bas du bord courbé. Passez une extrémité du ruban dans le trou et faites un nœud. Passez l'autre extrémité du ruban dans le second trou et faites à nouveau un nœud.

bonnet de Pâques

Nous avons réalisé ce joli bonnet avec un sac en papier uni, décoré avec les bords de napperons en papier et de délicates rosettes faites avec des coupelles en papier. Ce projet est parfait pour les petites filles qui pourront essayer de faire le plus beau bonnet possible.

De vrais œufs, peints en douces couleurs pastel et sur lesquels sont noués de fins rubans, font de très belles décorations de Pâques. Les plus grands enfants voudront peut-être vider les œufs, mais il est beaucoup plus simple de les faire bouillir avant de les peindre et les décorer.

œufs peints

VOUS AUREZ BESOIN DE :
œufs • assortiment de peintures pastel • pinceaux fins • coquetier pour tenir les œufs lors de la peinture • ruban fin (environ 1 cm de large)

préparer les œufs

Sélectionnez les œufs et faites les bouillir. Laissez les œufs refroidir avant de commencer à les décorer. Dans une boîte à œufs en carton, vous pouvez découper des petits coquetiers pour tenir les œufs lorsque vous les peindrez.

peindre les œufs

Peignez les œufs avec la couleur de base de votre choix et laissez-les sécher complètement. Vous devrez peut-être passer une seconde couche de peinture pour complètement recouvrir les œufs. Laissez sécher avant de poursuivre la décoration.

ajouter des décorations

Utilisez un pinceau fin pour ajouter des petits points, des zigzags et des bandes de couleurs qui contrastent, puis laissez sécher complètement. Il est plus simple de commencer en peignant la moitié de l'œuf, de le laissez sécher, puis de le retourner pour peindre l'autre moitié. Vous éviterez ainsi à la peinture de couler.

les finitions

Coupez des longueurs de ruban fin, et nouez-les autour de chaque œuf en faisant un joli nœud. Placez les œufs ensemble dans une coupe pour créer une belle décoration de Pâques.

cadeau pour la fête des mères

Cette coupe délicate combine la technique du papier mâché avec de la colle PVA et du film alimentaire transparent. Il vous faudra moins de couches pour créer cette coupe, ce qui lui donnera une apparence plus délicate.

VOUS AUREZ BESOIN DE :

Coupe ou assiette à utiliser comme moule • film alimentaire transparent • papier journal • colle PVA • pinceaux épais pour la colle • peinture au choix • assortiment de pinceaux pour la peinture • ciseaux

recouvrir la coupe Placez la coupe servant de moule à l'envers sur une surface plane et couvrez-la d'une couche de film alimentaire transparent. Déchirez des bandes de papier journal. Appliquez sur le film alimentaire une couche de colle PVA, puis posez la première couche de papier. Répétez cette opération jusqu'à avoir posé quatre couches de papier. Laissez sécher toute une nuit.

retirer la coupe en papier mâché

Lorsque votre travail est complètement sec, soulevez doucement la coupe en papier mâché pour la retirer du moule, et enlevez le film alimentaire. Si nécessaire, égalisez les bords de la coupe en papier mâché avec des ciseaux.

peindre la coupe A l'aide d'un gros pinceau, peignez avec la couleur principale l'intérieur et l'extérieur de la coupe. Laissez sécher, puis appliquez une autre couche de peinture. Laissez sécher complètement avant de décorer la coupe.

décorer Nous avons décoré l'intérieur et l'extérieur de la coupe avec des marguerites roses et lilas. Si vous le souhaitez, vous pouvez dessiner au crayon vos motifs sur la coupe avant de les peindre. Laissez sécher. Passez une couche de vernis acrylique à base d'eau, afin de fixer la peinture et obtenir un fini plus résistant.

VOUS AUREZ BESOIN DE :
fine feuille de bois (disponible dans les magasins de loisirs créatifs) • balsa • crayon • ciseaux • peinture au choix • récipients pour la peinture • pinceaux de différentes tailles • colle • chaîne de porte-clé • poinçon

couper des formes simples Découpez des petits rectangles dans la feuille de bois. Ils serviront de base aux portes-clés. Maintenant, dessinez des motifs simples sur le balsa et découpez-les avec des ciseaux. Les plus jeunes enfants auront peut-être besoin de l'assistance d'un adulte pour découper le bois.

peindre la base et les découpages
Peignez la base du porte-clé des deux côtés et laissez sécher. N'hésitez pas à passer deux couches si nécessaires. Peignez le devant et les côtés des petites pièces découpées dans le balsa et laissez-les sécher.

coller le motif Appliquez de la colle au dos des pièces en balsa et fixez-les en position sur le devant du porte-clé. Pressez fermement, puis laissez sécher la colle. Pour que le porte-clé soit plus résistant, vous pouvez appliquer une couche de vernis acrylique à base d'eau.

fixer la chaîne Faites un petit trou en haut du porte-clé à l'aide du poinçon (similaire à un tournevis avec une pointe au bout). Par sécurité, il est préférable qu'un adulte effectue cette opération. Prenez la chaîne du porte-clé, passez la petite boucle métallique dans le trou, et fermez-la avec des pinces.

Ces porte-clés, très décoratifs, sont en balsa et en feuille de bois. Ce sont de superbes cadeaux pour la fête des pères. Les chaînes sont disponibles dans les magasins de loisirs créatifs. Elles sont très faciles à fixer au bois. Les filles comme les garçons adoreront cette technique simple de travail du bois.

cadeau de la fête des pères

carte de la saint valentin

Sur cette carte de la Saint Valentin en trois dimensions se trouvent des cœurs de papier décorés à la main. Vous pouvez également réaliser de jolis cœurs avec du papier tissu ou des napperons en papier. Coupez le papier avec des ciseaux à denteler ou d'autres ciseaux décoratifs (disponibles dans les magasins de loisirs créatifs) et utilisez un nœud en ruban pour la finition.

VOUS AUREZ BESOIN DE :
sélection de papier décoratif (papier cadeau) • carte de vœux blanche (ou carton blanc plié en deux) • ciseaux à denteler ou autres ciseaux décoratifs • colle • ruban pour les nœuds • crayon • papier uni pour les gabarits

dessiner les cœurs Pour cette carte, vous aurez besoin de trois formes de cœur, dont les tailles iront en diminuant. Pliez le papier décoratif en deux et pressez bien le pli. Dessinez trois moitiés de cœur de trois tailles différentes sur trois morceaux de papier décoratif différents.

découpez les cœurs Utilisez des ciseaux décoratifs ou à denteler et découpez les moitiés de cœur, puis dépliez à plat les morceaux de papier. Si vous le souhaitez, vous pouvez réaliser d'autres cœurs avec des tailles qui diminuent progressivement, pour que la carte soit encore plus décorative.

disposer les cœurs Posez un filet de colle au dos du plus gros cœur, sur la ligne du milieu, puis collez-le au milieu de la carte en appuyant bien à plat. Posez un filet de colle au dos du cœur suivant et collez-le sur le premier cœur. Appliquez le troisième cœur, qui est aussi le plus petit, de la même façon. Laissez sécher la colle.

les finitions Faites un nœud avec un ruban organza ou un ruban de velours et coupez les extrémités en biseau pour empêcher le tissu de filer. Posez un point de colle au centre du nœud, puis fixez-le sur le cœur et laissez sécher. Un ruban identique collé sur le rabat de l'enveloppe serait aussi du plus bel effet.

VOUS AUREZ BESOIN DE :
fleurs et feuilles • presse-fleur • colle • pinceaux pour la colle • un objet à décorer (marque-page, cadre ou carte de vœux) • pinces à épiler pour manipuler les fleurs si nécessaire

choisir les fleurs C'est amusant de cueillir les fleurs dans le jardin, mais si cela n'est pas possible, allez chez le fleuriste. Plus la fleur est plate et plus elle sera facile à presser. Si la fleur est trop épaisse, retirez les pétales, pressez-les individuellement, puis recréez la fleur.

presser les fleurs Placez délicatement les fleurs et les feuilles dans le presse-fleur, entre les couches de papier et de carton, puis repositionnez le haut du presse-fleur et serrez les écrous aussi fort que vous le pouvez. Ceci limitera, autant que possible, le contact de l'air avec les fleurs et les feuilles. Un adulte peut aider l'enfant à serrer les écrous.

retirer les fleurs du presse-fleur Laissez les fleurs et les feuilles dans la presse pendant environ une semaine, afin de vous assurer qu'elles soient bien sèches. Retirez-les ensuite de la presse très délicatement, car les fleurs et les feuilles sont fragiles une fois séchées. Disposez-les sur une feuille de papier, prêtes à l'emploi.

appliquer sur l'objet choisi Posez une fine couche de colle au dos de la fleur, manipulez-la délicatement (utilisez des pinces à épiler si nécessaire) et fixez-la sur l'objet choisi. Ajoutez d'autres fleurs jusqu'à ce que le motif soit complet. Laissez sécher complètement. Si vous décorez une boîte, passez une couche de vernis acrylique à base d'eau.

L'art traditionnel du pressage des fleurs enchantera les jeunes enfants et leur permettra de décorer toutes sortes d'objets. Nous avons utilisé un presse-fleur, mais vous pouvez tout aussi bien placer les fleurs entre les pages d'un livre ou d'un annuaire, et les laisser sécher quelques jours.

cadeau pour grand-mère

gabarits

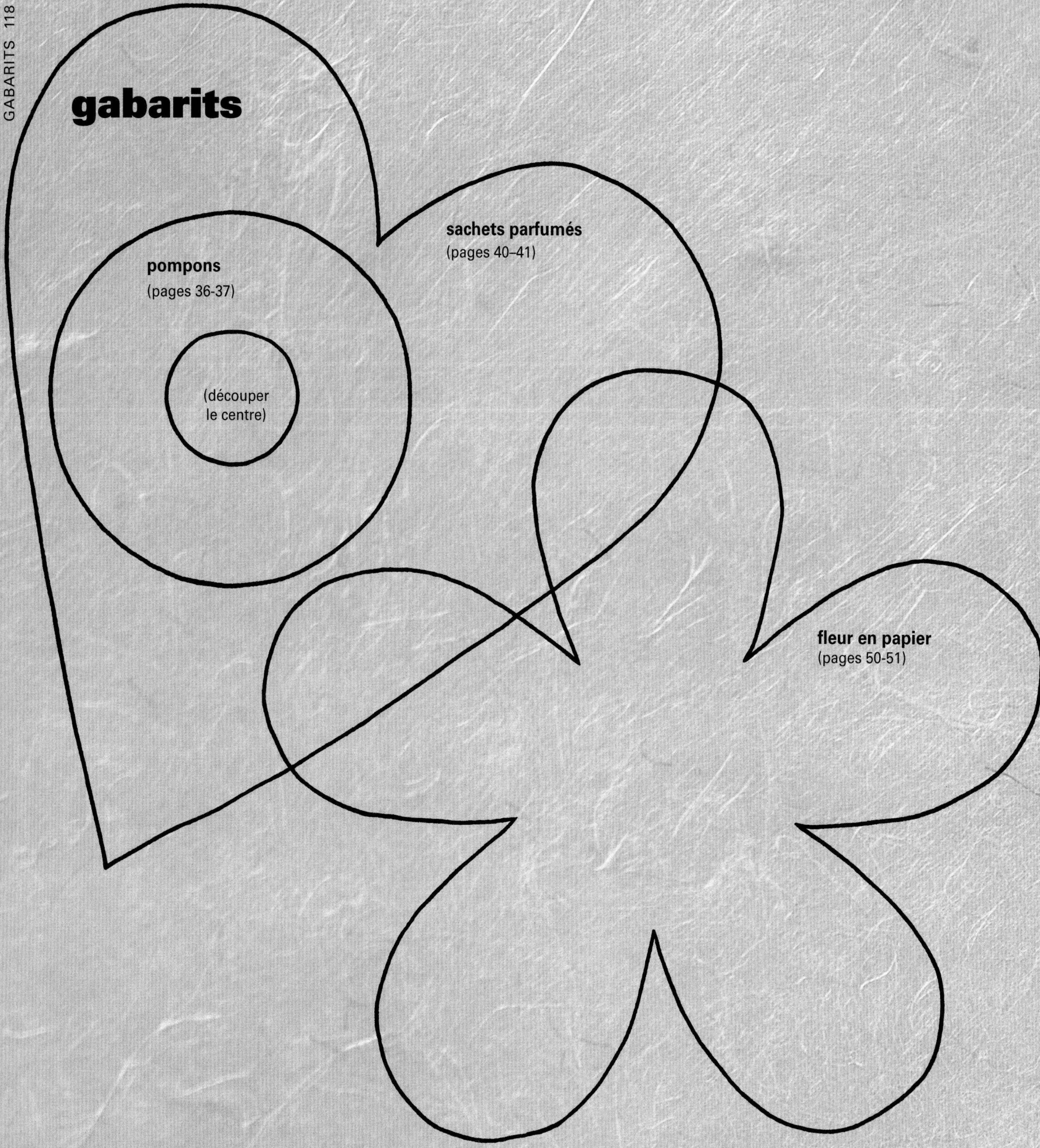
pompons
(pages 36-37)
(découper
le centre)
sachets parfumés
(pages 40–41)
fleur en papier
(pages 50-51)

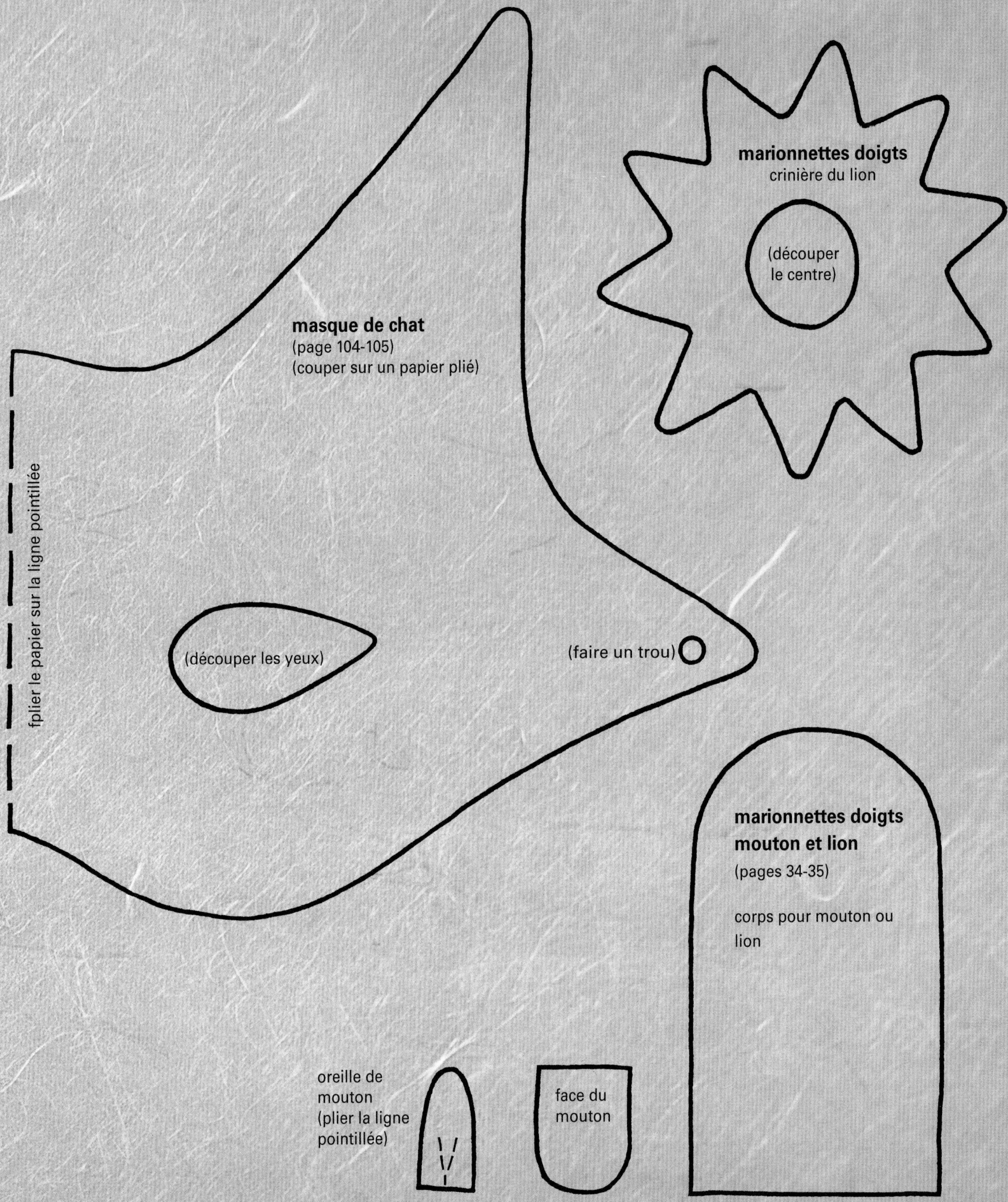
marionnettes doigts
crinière du lion
(découper le centre)
masque de chat
(page 104-105)
(couper sur un papier plié)
fplier le papier sur la ligne pointillée
(découper les yeux)
(faire un trou)
marionnettes doigts
mouton et lion
(pages 34-35)
corps pour mouton ou lion
oreille de mouton (plier la ligne pointillée)
face du mouton

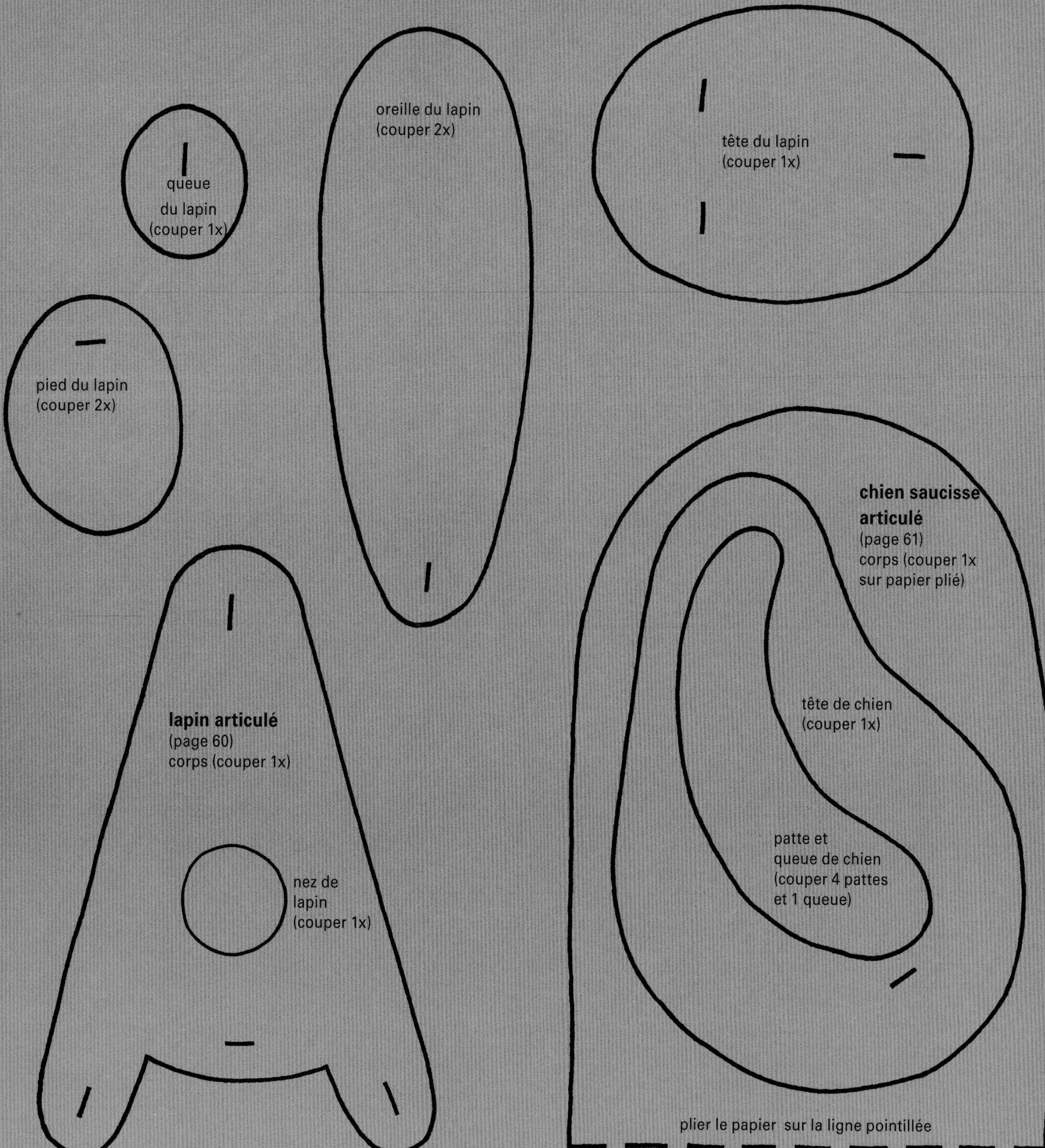
queue
du lapin
(couper 1x)
oreille du lapin
(couper 2x)
tête du lapin
(couper 1x)
pied du lapin
(couper 2x)
lapin articulé
(page 60)
corps (couper 1x)
nez de
lapin
(couper 1x)
chien saucisse articulé
(page 61)
corps (couper 1x
sur papier plié)
tête de chien
(couper 1x)
patte et
queue de chien
(couper 4 pattes
et 1 queue)
plier le papier sur la ligne pointillée

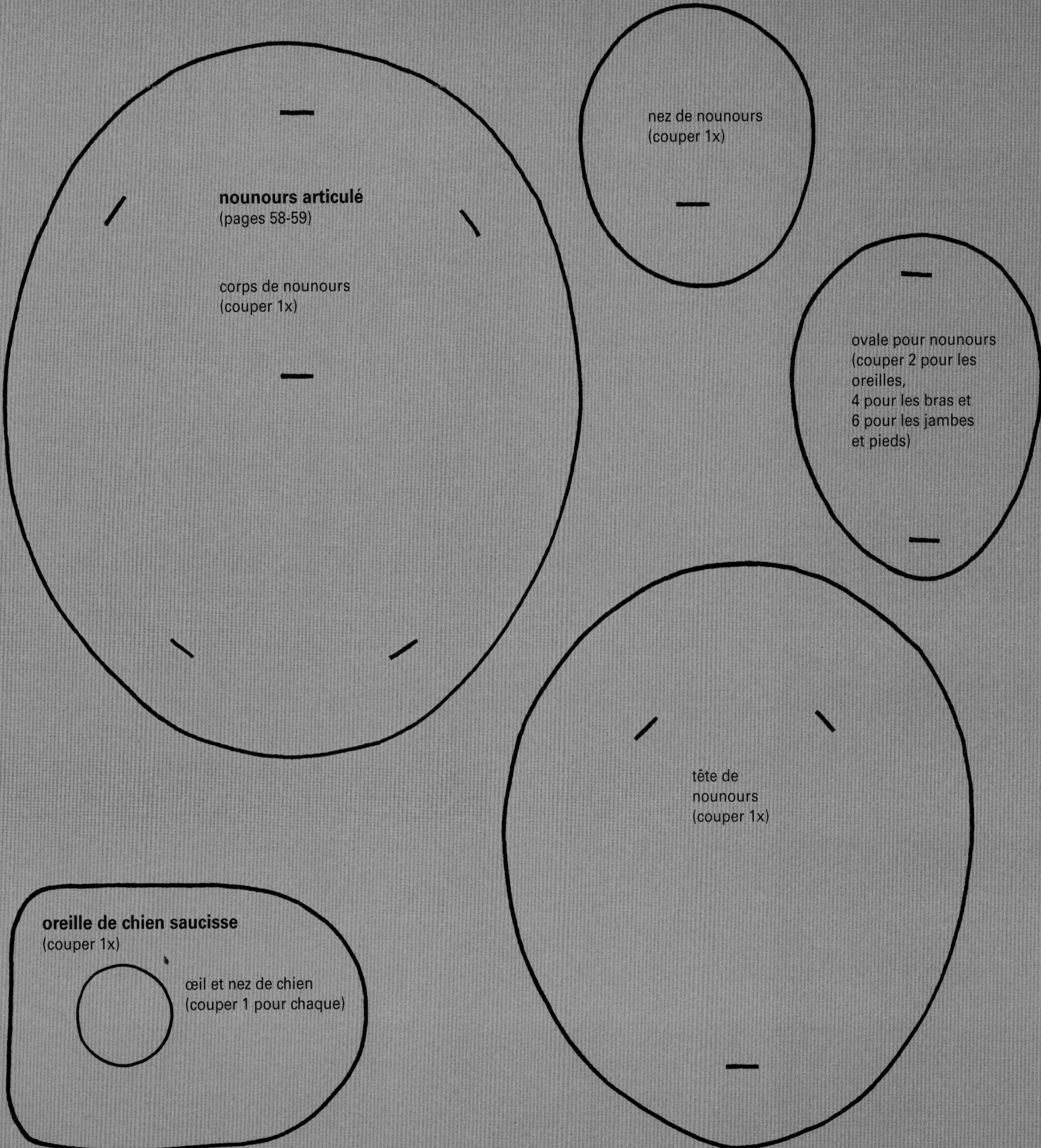
nounours articulé
(pages 58-59)
corps de nounours
(couper 1x)
nez de nounours
(couper 1x)
ovale pour nounours
(couper 2 pour les
oreilles,
4 pour les bras et
6 pour les jambes
et pieds)
tête de
nounours
(couper 1x)
oreille de chien saucisse
(couper 1x)
œil et nez de chien
(couper 1 pour chaque)

crédits photos

TOUTES LES PHOTOGRAPHIES SONT DE VANESSA DAVIES

PEINTURE : pages 8-9 peintures de «Hobbycraft», palettes de «Selwyn-Smith Studio», pinceaux de «Sewing & Craft Superstore» et de «Early learning Centre» ; **pages 10-11** peintures et assiette de «Brush & Bisque-it», tablier à rayure de «Millie Mac» ; **pages 12-13** cadre à photo de «Cargo Homeshop», assiette de «Brush & Bisque-it», plateau de «Mother Goose» ; **pages 14-15** peintures pour tampon pomme de terre de «Hobbycraft», emporte-pièce à biscuit de «Jane Asher Party Cakes» ; **pages 16-17** papier de «Paperchase», tissu calicot de «John Lewis», cadres et ruban de «IKEA» ; **pages 18-19** peintures de «Hobbycraft» ; **pages 20-21** peintures de «Hobbycraft» ; **pages 22-23** peintures de «Hobbycraft», cahiers de «Paperchase» ; pages 24-25 boîte avec couvercle en bois de «IKEA», pochoirs cœur et soldat, pinceau et peintures à pochoir de «The Stencyl Library» ; **pages 26-27** calicot et biais pour tabliers de «John Lewis», pochoirs de «The stencyl Library».

TISSU : page 28-29 rubans en satin et laine de «John Lewis», rubans velours et fil chenille de «Paperchase», feutrine et épingles de «Sewing & Craft Superstore» ; **pages 30-31** rubans de «Paperchase» et «John Lewis» ; **pages 32-33** fil chenille de «Paperchase», rubans de «John Lewis» et «Paperchase» ; **pages 34-35** feutrine et stylos en relief pour tissu de «Sewing & Craft Superstore» ; **pages 36-37** laine pour pompons de «John Lewis» ; **pages 38-39** laine de «John Lewis», tissu de laine de «Sewing

& Craft Superstore» ; **pages 40-41** feutrine pour sacs de lavande, ruban et boutons de «Sewing & Craft Superstore ; **pages 42-43** feutrine tissu et colle de «Sewing & Craft Superstore», bâtonnet de glace de «Hobbycraft» ; **pages 44-45** tissu floral et porcelaine de «Cath Kidston», plateau (non peint) de «Mother Goose», tissus unis de «Sewing & Craft Superstore», ruban et galon sur couvre théière de «VV Rouleaux» ; **pages 46-47** teintures de «Sewing & Craft Superstore».

PAPIER : pages 48-49 papier crépon, fil chenille et carte de «Paperchase» ; **pages 50-53** papier crépon, carton blanc et carton de «Paperchase» ; **pages 54-55** papier de «Paperchase», pompons longs de «John Lewis», paillettes et colle de «Sewing & Craft Superstore», ciseaux orange de «Early learning Centre» ; **pages 56-57** papier de couleur de «Sewing & Craft Superstore», laine de «Hobbycraft» ; **page 58-61** carton de «Sewing & Craft Superstore» ; **pages 62-63** papier de «Paperchase» ; **pages 64-65** papier fait main et cahiers de «Paperchase» ; **pages 66-67** boîtes de «Hobbycraft», papier fait main de «Paperchase» ; **pages 68-69** papier de «Paperchase», ruban de «Sewing & Craft

Superstore» ; **pages 70-71** papier fait main de «Sewing & Craft Superstore», boîte de «Muji» ; **pages 72-73** papier cartes noir et blanc de «Dover Books», papier fait main de «Paperchase», tapisserie florale de «Laura Ashley» ruban velours de «Sewing & Craft Superstore».

MODELAGE : pages 74-75 emporte-pièces à biscuit de «Jane Asher Party Cakes», cuillères en bois de «Kooks Unlimited», fil de fer de «Hobbycraft» ; **pages 78-81** balsa, peintures, bâtonnets de glace et pinces à linge «Hobbycraft», vichy de «Sewing & Craft Superstore» ; **pages 82-83** pots à confiture de «Kooks Unlimited», paillettes de «Hobbycraft», décorations de «Homebase» ; **pages 84-85** argile et peintures de «Hobbycraft», emporte-pièces à biscuit de «Jane Asher Party Cakes» et «Kooks Unlimited», palette de «Selwyn-Smith Studios» ; **pages 86-87** emporte-pièces à biscuit de «Kooks unlimited», emporte-pièces papillon, fleur et poisson de «Jane Asher Party Cake», rubande «VV Rouleaux», aimants et épingles pour broche de «Sewing & Craft Superstore» ; **pages 88-89** cuillères en bois de «Kooks Unlimited», tissu floral de «Cath Kidston», feutrine de «Sewing & Craft Superstore», napperons en papier de «Jane Asher Party Cakes» ; **pages 90-91** perles en bois et fil de fer de «Sewing & Craft Superstore», perles colorées unies et fil de fer «Hobbycraft», verres avec perles de «IKEA» ; **pages 92-93** balsa, peinture, perles, argile et fil de fer de «Hobbycraft».

OCCASIONS SPECIALES : **pages 94-95** pince à linge, paillettes, confettis brillants de «Hobbycraft», pompon, confettis brillants et ruban fin de «Sewing & Craft Superstore», palette de «Selwyn-Smith Sudios, coupelles en papier et napperons en papier de «Jane Asher Party Cakes» ; **pages 96-97** pinces à linge de «Hobbycraft», ruban, carton argenté et lacet de «Sewing & Caft Superstore» ; **pages 98-99** papier rouge et blanc de «Hobbycraft» ; **pages 100-101** carton à paillettes de «Papershase», confettis brillants, pompons et fil chenille argenté de «Sewing & Craft Superstore»,

arbre de Noël et lumières de «Woolworths» ; **pages 102-103** carton noir, papier argenté et voile noir de «Sewing & Craft Superstore», ciseaux de»Early Learning Centre» ; **pages 104-105** carton noir, feutrine noire, pompon, élastique et fil chenille de «Sewing & Craft Superstore», crayon et ciseaux de «Early Learning Centre» ; **pages 106-107** napperons en papier et coupelles en papier de «Jane Asher Party Cakes», ruban fin de «Conffeti» ; **pages 108-109** rubans fins et pinceaux de «Sewing & Craft Superstore», peintures de «Hobbycraft» ; **pages 110-111** peintures et pinceaux de «Hobbycraft» ; **pages 112-113** balsa, feuilles de bois et peintures de «Hobbycraft», pinceaux et chaînes de porte-clés de «Sewing & Craft Superstore» ; **pages 114-115** carton et papier de «Paperchase», rubans et papier décoratif de «Sewing & Craft Superstore» ; **pages 116-117** cadre en bois de «IKEA», papier fait main de «Paperchase».

Index des fournitures

index des créations

remerciement Merci à Vanessa Davies pour ses superbes photographies et son souci du détail lors de la réalisation de ce livre. Merci également à Catherine Griffin et Annabel Morgan pour leur aide de tous les instants, tant dans la conception, la mise en page que la rédaction. Je voudrais également remercier les enfants qui ont contribué à ce livre pour leur patience durant les séances de photographie, ainsi que pour leur enthousiasme lors de la réalisation des projets, sans oublier «Hobbycraft» qui a fourni les perles en bois et «the Stencil Library» pour les pochoirs. Pour finir, un grand merci à mon mari, Michael, pour son soutien sans faille et les délicieux repas qu'il nous a préparés lorsque je devais travailler tard pour finir les projets de ce livre.